Martín Lutero

La Reforma Protestante y el nacimiento de la sociedad moderna

Mario Miegge

Editorial CLIE
www.clie.es

EDITORIAL CLIE
C/Ferrocarril 8
08232 VILADECAVALLS
(Barcelona) ESPAÑA
E-mail: clie@clie.es
http://www.clie.es

Publicado originalmente por Claudiana srl bajo el título *Martin Lutero. La Riforma protestante e la nascita delle società moderne* por Mario Miegge. Copyright © Claudiana, 2013. Via San Pio V 15 - 10125 Torino.

Traducción y adaptación al castellano: Luis Vázquez Buenfil
Revisión final: Leopoldo Cervantes-Ortiz

MARTÍN LUTERO
La Reforma Protestante y el nacimiento de la sociedad moderna
ISBN: 978-84-9445-276-5

Depósito legal: B. 11705-2016
Biografía
Historia
Referencia: 224957

ÍNDICE

Palabras preliminares

Martín Lutero. La Reforma protestante y el nacimiento de la sociedad moderna se publicó en 1983 (el año del quinto centenario del nacimiento del reformador) en la colección "Libros de base" de la Editorial Riuniti. La serie, dirigida por Tullio de Mauro, se dispuso cumplir con "las necesidades de conocer y de participar en las decisiones de la vida, para estudiar y trabajar en el mundo de hoy", a través de una serie de textos cortos "escritos e ilustrados de un modo simple y claro para qué todo el mundo los pueda entender".

La colección "Libros de base" se inauguró en 1980, al término de una década en la que fueron definitivamente extendidos los espacios de comunicación cultural en Italia. La fuerza de la iniciativa y el compromiso social del movimiento sindical (a partir del "otoño caliente" de 1969 y el establecimiento de los consejos de fábrica) tuvieron un gran desarrollo en el campo de la instrucción y de la cultura de base. Se trató de una experiencia social singular que unía clases sociales y modelos culturales.

Los contratos nacionales de trabajo (y en primer lugar los de las industrias metalúrgicas de 1973) adquirieron el derecho y el uso para que un individuo tomase un "número de horas" determinado y retribuido con el fin de que participara en cursos de formación contínua. En vista de las desigualdades de los niveles de instrucción, que sigue existiendo entre los trabajadores, la primera opción fue la recuperación de la educación obligatoria. Los cursos organizados con el fin de ayudar a los alumnos a terminar la escuela pública tenían programas de duración anual, no solo eran formaciones continuas de unos días. Además, fueron diseñados programas de estudio de manera innovadora, en cooperación entre los maestros y los delegados de los consejos de fábrica y de las organizaciones de la misma categoría. En 1974 se establecieron los cursos en la secundaria, que llegaron a ser hasta 900. En 1975, la cifra subió a 2 100. En 15 años, más de dos millones de trabajadores consiguieron con esta modalidad el certificado final de la escuela primaria obligatoria. La presencia en aumento de los lectores de cultura media orientó, en buena medida, el contenido de los "Libros de Base". Los criterios de exposición y de escritura fueron definidos con rigor y se propuso a los autores que utilizaran un "vocabulario" con las palabras más accesibles.

Debo confesar que yo no hago uso de dichas recomendaciones en este libro, prefiriendo hacer una presentación estilísticamente más narrativa. En este libro recurro a discursos y a conceptos separados en el tiempo y uso muchas citas de los autores de los siglos XVI y XVII, que no fueron siempre fáciles de leer. Pero el trabajo que realicé fue aceptado sin reservas por la editorial. Y, en este sentido, quiero expresar una vez más mi gratitud a los amigos y colegas, como Nicolao Merker, quien era responsable de la sección de historia en la que se inserta este libro. Agredezco también a Stefano Gensini, quien, con gran competencia, comprobó el texto escrito y lo completó con una rica selección de ilustraciones. Por lo tanto, esta nueva edición reproduce el texto original, pero incluye algunos retoques en forma y en contenido.

En las tres décadas que han transcurrido desde entonces hasta ahora (1983-2013), no solo se han hecho cambios sustanciales con el fin de profundizar tanto conocimiento como la interpretación de las obras de los principales actores de la Reforma del siglo XVI. Las celebraciones del V centenario del nacimiento de Juan Calvino (2009), han proporcionado nuevas aportaciones la controvertida cuestión del "calvinismo político" (a que la Editorial Claudiana dedicó a una importante colección de ensayos en 2011). En el capítulo XX se ha puesto un mayor relieve en la "teología del pacto", que fue propuesta en el siglo XVI en Europa en el seno de la corriente "reformada" del protestantismo y que inspiró los eventos religiosos y políticos de Escocia, del puritanismo inglés del siglo XVII de la Nueva Inglaterra norteamericana.

Cabe decir los estudios recientes también han aumentado el interés en el pensamiento político "proto-federalista" del calvinista alemán Johannes Althusius. Por primera vez en la historia bibbliográfica, su libro *Política*, fue reeditado con el texto en latino incluído (que data de 1614 acompañado de la traducción integral), en dos volúmenes editados por el especialista Corrado Malandrino y sus colaboradores (Claudiana, 2009). Respecto a estos temas he vuelto a trabajar el texto escrito en 1983 en un nuevo párrafo titulado "La teología del pacto y la política federal" (capítulo 3, párrafo 7).

Por último, dirijo mi agradecimiento al editor, quien propuso e implementó la publicación de este libro en la Editorial Claudiana; gracias a Giorgio Bouchard, quien ha vuelto a trabajar y completar la tarjeta de "Las iglesias de la Reforma". Gracias también a Andrea Won, quien supervisó la edición y actualización bibliográfica; y gracias finalmente a Vanessa Cuccoque, quien hizo posible la compaginación.

Mario Miegge

Prólogo

En 1983, con motivo de cumplirse 500 años del nacimiento del reformador alemán Martín Lutero, Mario Miegge (1932-2014), autor italiano de la Iglesia Valdense y quien fuera profesor emérito de la universidad de Ferrara, presentó su libro titulado *La Riforma protestante e la nascita delle società moderne* ("Libri di base", Roma, Editori Riuniti). Ahora, de cara a la conmemoración del quinto centenario del inicio de la Reforma en 1917, sale nuevamente a la luz esta obra, por primera vez traducida al español.

El 31 de octubre de 1517, la víspera de la fiesta de Todos los Santos, Lutero publicó en la puerta de la iglesia del castillo de Wittenberg sus 95 "tesis" sobre las indulgencias, un tema que interesaba a la doctrina y la práctica de la iglesia. A principios del siglo XVI la venta de las indulgencias se había convertido en una forma común de financiamiento de la institución, al lado de los diezmos, las limosnas y las rentas patrimoniales. Lutero puso a discusión los abusos y las desviaciones de las doctrinas que la práctica de las indulgencias habían dado lugar, pero también puso en entredicho la autoridad del Papa. Así comenzó una larga concatenación de hechos que tuvieron un enorme impacto en la historia mundial.

Miegge presenta en este libro, de forma sencilla, comprensible y sintética, para todo tipo de lectores, no necesariamente especializados, un recorrido por la historia de la Reforma a partir de la vida del monje Lutero, de su planteamiento teológico y de los acontecimientos y personajes que le siguieron hasta que su propuesta alcanzó dimensiones insospechadas. La obra pone en contexto el ámbito feudal y, sobre todo, la herencia de su visión del mundo, así como la situación de la Iglesia de entonces, aspectos fundamentales para comprender la vehemente reacción luterana. Hay que decir, sin embargo, que este libro no tiene la intención de historiar a fondo ni en detalle la Reforma; su propuesta es mostrar cómo se desarrollaron algunos aspectos del pensamiento protestante, en un tiempo de alrededor de dos siglos y en un contexto amplio. Así, la intención es enseñar que la Reforma fue un planteamiento de cambio profundo en la vida cristiana, pero también una revolución cultural, que impactó en el desarrollo de las lenguas modernas, de la educación y la alfabetización así como en la libertad de criterio de los lectores.

El autor hace énfasis en la historia personal y en las ideas de Lutero. El fraile alemán señaló que la salvación no se consigue a través de las obras, sino por la sola fe del creyente. El cristiano está sometido a la voluntad divina, de hecho, su albedrío es siervo a ésta, y debe conducirse "por amor y libremente", no buscando el premio de la salvación. También proclamó que lo que hace que el hombre interior sea libre y piadoso es únicamente el Santo Evangelio, la palabra de Dios predicada por Cristo, que la persona debe conocer sin la intervención de los intermediarios de la jerarquía eclesiástica. Además, destacó el papel fundamental de la gracia divina como una donación de Dios al creyente.

Primordialmente, este estudio muestra sobre todo que la Reforma no fue la labor de un solo hombre, ni simplemente una disputa religiosa. Ésta manifestó también la crisis de la Europa del siglo XVI, lo que motivó, en palabras del autor, a polémicas, controversias e incluso luchas violentas durante cinco centurias. La Reforma tampoco fue simplemente una construcción de teorías, sino un continuo entrelazamiento de ideas y de acciones. Los aspectos teológicos que Lutero dejó sobre la mesa abrieron grandes preguntas. Lutero anuló la doctrina y la práctica de la iglesia medieval que ejercía un fuerte control sobre la vida de los fieles a través de los sacramentos, las penitencias y misas, fiestas sagradas, ceremonias públicas y privadas, etcétera. La teología ya no estuvo separada de la predicación pública, de la controversia y de la propaganda, de las diferentes opciones de organización de la iglesia y de su relación con el Estado. El reformador puso, asimismo, la base teórica de una disciplina, de una nueva moral: la ética protestante, aspecto cuyo análisis ocupa un lugar prioritario en este libro. En suma, uno de los objetivos perseguidos por Miegge es demostrar que Lutero se ha convertido en un símbolo, no solo para sus contemporáneos, sino para todos aquellos que reconocen en la Reforma del siglo XVI una señal importante en el nacimiento del mundo moderno.

A este último punto Miegge dedica más de la mitad de su estudio. Responde con su obra también a las inquietudes del contexto italiano, donde observa dos aspectos principales de la Reforma Protestante: por un lado, el pensamiento religioso de Lutero y, por el otro, la ética, es decir, la doctrina moral, desarrollada principalmente por el reformador de Ginebra, Juan Calvino y sus seguidores en Inglaterra y en Estados Unidos. Se trata de contestar a la pregunta de en qué consiste la afinidad que existe entre el espíritu del capitalismo y la ética protestante. La ética calvinista es vista como un momento importante de la formación de la sociedad burguesa y del "espíritu del capitalismo", según las palabras del gran sociólogo alemán Max Weber (1864-1920) a quien Miegge dedica varios párrafos. Pero, en su opinión, los sociólogos, como Weber, a menudo han pasado por alto otro elemento que parece esencial para entender el contraste de ideas en la época de la Reforma. Este elemento es la visión de la historia. Por eso se explica la atención que el autor presta a los acontecimientos pasados, al "sentido de la historia", título que da a una de las entradas de su estudio. En atención a esta visión incluye en magnífica síntesis a Calvino, Zwinglio, los anabautistas, la reforma en Zúrich, Ginebra, Inglaterra y Escocia. Incluso, en el apéndice, se remonta aún más atrás de Lutero, al narrar aún las herejías medievales como antecedentes del pensamiento reformado.

El presente libro continúa una larga tradición historiográfica de respuesta a las tesis de Max Weber. El último capítulo lo dedica Miegge a la ética protestante. Se explica aquí qué entiende Weber cuando habla de ésta como un "sistema coherente" donde la doctrina calvinista de la predestinación se asocia al "ascetismo en el mundo" típico del protestante, y la idea de la vocación se traduce en la disciplina necesaria para la empresa capitalista. El sociólogo alemán estaba interesado principalmente en las nuevas formas de actividad económica. Por consiguiente, puso de relieve los elementos psicológicos de la doctrina de la predestinación e insistió en "la soledad interior" de los elegidos.

La importancia de Weber, gran estudioso de este concepto, radica en que éste reconoció, desde un punto de vista sociológico, que hubo una relación entre religión y desarrollo económico e hizo hincapié en la trascendencia de la vocación profesional y de la nueva concepción de la pobreza y de la riqueza. Con el paso del tiempo la "ganancia" espiritual y el trabajo mundano, la perseverancia moral y el éxito en los negocios, la una y la otra, fueron signo y confirmación de la elección y de la Gracia. Esta moral religiosa correspondía muy bien a las necesidades de una actividad económica racional y métodica, es decir, al "espíritu del capitalismo". Las posiciones de Max Weber fueron defendidas o atacadas por un gran número de historiadores, economistas y sociólogos, desde que salió a la luz su importante libro *La ética protestante y el espíritu del capitalismo* (1905). El autor constata que la polémica con Weber sigue todavía abierta como muestra al estudiar las interpretaciones más recientes en la historiografía. En el siglo XVIII, la ética protestante fue convertida definitivamente en una ideología dominante en los países anglosajones. El protestantismo contribuyó a transformar las maneras para definir la propia identidad de los individuos que lo abrazaron y de las naciones que construyeron su ser histórico con ese fundamento religioso y ético. Las líneas de interpretación del autor llegan en un epílogo que cierra la exposición y da al lector un cuadro bastante comprensible de este gran hecho histórico.

En 500 años el mundo no ha olvidado a Lutero. Durante siglos, la historiografía católica y la protestante difirieron radicalmente en cuanto a la interpretación del polémico personaje. En 2017, ya a las puertas de la efemérides centenaria, la crítica histórica, por fortuna, sigue la ruta trazada desde mediados del siglo pasado para llegar a una comprensión plena del reformador alemán desde la óptica de cualquier confesión y desterrar los prejuicios que impiden un entendimiento de esa figura, del tiempo que le tocó vivir y de las repercusiones de su pensamiento. El esfuerzo por dar a conocer una y otra vez el trasfondo de la época en que ocurrió la Reforma y mostrar los claroscuros del personaje que protagonizó aquellos hechos es siempre bienvenido. Sin duda, la versión en español de la obra de Mario Miegge hace asequible y comprensible un complejo y determinante horizonte histórico.

Alicia Mayer
Centro de Estudios Mexicanos,
UNAM-España

Cuatro siglos y medio
de controversia

Han pasado más de 530 años desde el nacimiento de Martín Lutero, en el otoño de 1483 en Eisleben, en la provincia alemana de Sajonia-Anhalt. Las tormentas religiosas del siglo pasado se han calmado y han perdido el interés de mucha gente de nuestro tiempo.

Sin embargo, aún hoy en día, es casi imposible hablar de Lutero de modo neutral. Apenas se pronuncia su nombre, la gente tiende a tomar posición, a expresar juicios diferentes y contrastantes. A lo largo de la historia del mundo moderno pocas figuras despiertan reacciones tan fuertes. En torno a 1520, Alemania y Europa fueron inundadas no solo de escritos polémicos sino también de imágenes impresas, dibujadas por caricaturistas o por los más grandes artistas de la época, siempre expresivas, eficaces y violentas. Lutero es retratado por sus partidarios como el "Hércules germánico": un monje gigantesco que rompe con golpes de martillo a los representantes del poder papal y de la cultura eclesiástica. Para sus oponentes es, en cambio, una cornamusa con rostro humano, interpretada por un demonio horrible. Lutero se convirtió así en el símbolo de un conflicto humano y sobrehumano, en el que se enfrentan Dios y el diablo.

El decreto del Papa León X, quien condenó las ideas de Lutero, publicado el 15 de junio 1520, comenzó con estas palabras: "Levántate, oh Señor, y juzga tu causa; un jabalí ha invadido tu viña". Pero Lutero no estaba todavía excomulgado y se le concedieron "sesenta días, dentro de los cuales deberá hacer un acto de sumisión". En ese momento era conocido solamente como un piadoso monje de la orden de San Agustín, profesor de teología en la Universidad de Wittenberg, muy estimado por sus superiores religiosos y protegido del príncipe Federico, el Sabio, de Sajonia.

Lutero representado como una cornamusa del demonio.
Dibujo sobre madera de Erhard Schoen, 1535.

Pero, unas semanas antes de la publicación de bula papal, el fraile franciscano alemán Agustín Alveld, en un libro de defensa del papado, termina por llamar a Lutero "el lobo en el redil de las ovejas", "el hereje", "el demente", "el hombre poseído". Opiniones que se mantuvieron más o menos sin cambios durante cuatro siglos en la polémica anti-luterana. Se pueden encontrar huellas de todo esto en muchos manuales de religión y también en libros de historia, escritos por autores católicos y frecuentemente utilizados en las escuelas italianas hasta hace pocos años.

Lutero nunca ocultó su vida interior. En sus escritos ha descrito ampliamente su angustia y sus dudas religiosas. En los 16 años que estuvo en el convento y en los 25 años siguientes, en el que fue mejor conocido como líder de la Reforma Protestante, admitió que tuvo muchos momentos de angustia y desesperación. Los hombres de la Edad Media y del primer siglo de la Era Moderna consideraron estos conflictos como algo normal, de hecho como prueba de la seriedad religiosa. La vida de los fieles, y sobre todo de los monjes, era vista como una lucha continua contra las tentaciones del diablo. Pero tan pronto como Lutero entró en lucha contra el Papa, sus acciones fueron juzgadas por sus opositores como un signo de "posesión demoniaca". A medida que transcurrió el tiempo, los demonios han desaparecido de la escena de la cultura y ya no es posible sostener que el "herético" fuera un poseído. Pero seguía siendo sospechoso que Lutero fuera tratado de "demente". En su trabajo sobre Lutero (publicado en tres volúmenes en Alemania, desde 1911 hasta 1913) el sabio jesuita Hartmann Grisar analizó la personalidad del reformador alemán con las herramientas de la moderna ciencia psiquiátrica, para mostrar que era un psicópata. En forma menos brutal, pero sin gran cambio en la sustancia, fue propuesta una vez más la idea de que la Reforma se originó a partir de un trastorno mental.

Ciertamente ésta no es la mejor manera de entender un enorme y complicado proceso histórico, que no puede depender del carácter y de la eventual neurosis de un solo individuo. En primer lugar, las protestas contra el poder de los papas y en contra de la corrupción de la iglesia se extendieron por toda la Europa cristiana mucho antes de que Lutero comenzara su enseñanza. Basta pensar en los diversos momentos espirituales que, a partir del siglo XII, habían reivindicado el regreso de la iglesia a la pureza y a la pobreza del cristianismo primitivo.

En segundo lugar, la Reforma Protestante, además de Lutero, tuvo un sinnúmero de protagonistas que actuaron de modo independiente y con diferentes ideas. Ya desde la época de la guerra de los campesinos (1525) los reformadores se separaron. Lutero se replegó hacia posiciones conservadoras y, en la Alemania rural, los príncipes tomaron el control de la reforma religiosa. La iniciativa del movimiento y de su guía intelectual se movió gradualmente a otros centros. En las ciudades libres del valle del Rin y de Suiza (como en Estrasburgo, Basilea, Zúrich y, finalmente, Ginebra) la Reforma fue decidida por el voto de los Consejos municipales y dirigida por hombres como Martín Bucero (1491-1551), Ulrich Zwinglio (1484-1531) y Juan Calvino (1509-1564), que habían tenido una educación en artes liberales y estaban, más que Lutero, mucho más distantes de la cultura de la Edad Media. Esto no quiere decir que si Lutero no hubiera estado las cosas habrían sido de la misma manera. Se trata de un pensador riguroso y profundo. Su discurso se construye por medio de la fuerte oposición, a menudo empuja a la paradoja. Su estilo, tanto en latín como en alemán, es muy vivo y personal. Incluso, hoy en día, sus escritos se apoderan del lector y le fascinan. Se entiende que se haya convertido en el hito de la lucha y de las decisiones de grandes masas de personas.

Pero la Reforma no se trató simplemente de una disputa religiosa. En los disturbios, en la historia personal y en la obra de Lutero se manifestó la crisis de un mundo entero. Desde este punto de vista, podemos decir que, los que creyeron que Lutero estaba poseído por el diablo, estaban históricamente más cerca de la verdad que aquellos que más tarde lo considerarían un psicópata. Cuando sus contemporáneos vieron los eventos de la Reforma como una lucha entre Dios y el diablo, estaban expresando, en el lenguaje religioso de su tiempo, la idea de que la historia no es solo el producto de la voluntad y la acción individual de un solo hombre. Y expresaron también la convicción de que el mundo había llegado a una etapa decisiva, en la cual se daban juicios absolutamente opuestos. En cuanto a que eran opiniones sobre datos absolutamente opuestos.

En una estampa de la época, Martín Lutero es visto como el "Hércules germánico" que abate a golpes de martillo al jefe de la iglesia.

Pero es por eso que Lutero se ha convertido en un símbolo, no solo para sus contemporáneos, sino para todos aquellos que reconocen en la Reforma del siglo XVI una señal importante en el nacimiento del mundo moderno. Los liberales y los anticlericales del siglo XIX no estaban listos para entender la crisis religiosa de los hombres del siglo XVI. Pero vieron en la rebelión de Lutero contra el Papa el primer rompimiento de las cadenas autoritarias de la Edad Media.

Tiró la túnica Martín Lutero, tira tus vínculos o cadenas.

Estas famosas líneas forman parte del *Himno a Satán* de Giosuè Carducci (1835-1907). Para el poeta del Resurgimento italiano, Lutero seguía siendo una figura demoniaca. Pero Satanás representa, ahora, el progreso y la libertad. Las revoluciones del siglo XIX, sin embargo, han demostrado que el progreso y la libertad de la burguesía no eran necesariamente el progreso y la libertad de los proletarios. En abierto contraste con los liberales, los marxistas afirmaron que la Historia Moderna no es un movimiento en línea recta en el sentido de que de la servidumbre traería la emancipación. La historia se hace, al contrario, del dominio de una clase social sobre otras clases, así como de amargos conflictos por el poder.

Marx también coloca a Lutero en el gran cambio entre la Edad Media y el Mundo Moderno. La Reforma Protestante no conduce, sin embargo, a una completa liberación del hombre: al contrario, ella expresa ya la duplicidad del orden burgués de la sociedad y las contradicciones de la ideología liberal. De hecho, ya se está empezando a duplicar el orden burgués de la sociedad y las contradicciones de la ideología liberal.

Marx escribe, en 1844, en *Para la crítica de la filosofía del derecho de Hegel*:

Lutero ha vencido la servidumbre fundada en la devoción, porque ha colocado en su puesto a la servidumbre fundada sobre la convicción. Ha infringido la fe en la autoridad, porque ha restaurado la autoridad de la fe. Ha transformado a los clérigos en laicos, porque ha convertido a los laicos en clérigos. Ha liberado al hombre de la religiosidad externa, porque ha recluido la religiosidad en la intimidad del hombre. Ha emancipado al cuerpo de las cadenas porque ha encadenado al sentimiento. Pero si al protestantismo no le importaba verdaderamente desligar, le interesaba poner en su justo punto el problema. No era más necesaria la lucha del laico con el clérigo fuera de él; importaba la lucha con su propio clérigo íntimo, con su naturaleza sacerdotal.

Los intereses y las ideas contrastantes de los liberales y de los comunistas eran sin duda muy diferentes de los intereses y de las ideas de los reformadores del siglo XVI. Los liberales y los marxistas han interpretado y forzado la imagen y la obra de Lutero para hacerla corresponder con su visión de la historia. Pero, gracias a este forcejeo, Lutero sigue estando presente en el conflicto de las ideas de nuestro tiempo.

CAPÍTULO 1
Religión y sociedad

El reconocimiento de la libertad religiosa fue una larga y ardua conquista, que se llevó a cabo en tiempos y modos muy diferentes según los países de Europa. En Holanda e Inglaterra se estableció la libertad religiosa, aunque de manera todavía incompleta, durante el siglo XVII; en Francia solo llegó con la Revolución, a finales del siglo XVIII. La Iglesia Católico-Romana ha reconocido que la libertad de religión no está en contradicción con la doctrina social cristiana sino hasta hace solo unos años, con el pontificado de Juan XXIII y el Concilio Vaticano II, que él mismo promovió y convocó.

Sin duda, la Reforma del siglo XVI abrió la vía a la libertad religiosa, pero los principales dirigentes de la Reforma Protestante (Lutero, Zwinglio y Calvino) pensaban aún que todos los ciudadanos de un Estado deben ser parte de una iglesia y profesar la misma fe. De hecho, el mundo cristiano se dividió. Los disidentes, por lo tanto, podían ir al exilio y establecerse en territorios cuyos gobernantes tenían las mismas creencias religiosas. ¿Por qué razones la unidad de la iglesia y la uniformidad de la fe religiosa eran consideradas esenciales para el orden social y político, en la Edad Media y hasta mucho tiempo más tarde?

Debemos tratar de entender por qué, en los siglos XVI y XVII, la reforma religiosa fue una crisis general no solo de la Iglesia, sino también de la sociedad y del Estado, y que fue acompañada por tremendos conflictos civiles e internacionales (las llamadas "guerras de religión").

"El árbol de clases", en un grabado de Hans Weiditz (1532). De bajo en alto se observa el lugar de los diversos estratos de la sociedad: los campesinos, la burguesía, las autoridades civiles y las espirituales, el Papa y el emperador. Pero, cuidado, en la rama superior hay dos campesinos más: ¡es un signo de los tiempos!

1. El orden medieval: los vínculos de dependencia personal

La idea y la definición que las modernas constituciones dan a la libertad religiosa se basa en distinciones que eran casi ignoradas o, al menos, muy poco claras para la gente de la Edad Media. Este es el caso, por ejemplo, de la distinción entre los derechos individuales, del hombre y del ciudadano; y las obligaciones colectivas y públicas que aseguraban el orden de la sociedad y del Estado.

El mundo medieval, por el contrario, fue fundado justo sobre la interacción y la confusión entre lo que era público y lo que era privado. El Estado no era una entidad bien definida. Desde nuestro punto de vista, la sociedad medieval aparece decididamente caótica y anárquica. Las leyes y sus aplicaciones (lo que llamamos justicia) no eran seguras. Los grupos étnicos (de origen latino o germánico) mantenían diferentes costumbres, en su mayoría transmitidas oralmente. Los grupos familiares tenían la tendencia a hacerse justicia por sí mismos. Incluso en ciudades italianas avanzadas, los delitos de sangre a menudo eran el resultado o la consecuencia de las luchas armadas entre varias familias o partidos, que se reconocían miembros de la misma municipalidad y periódicamente se combatían y luego se reconciliaban.

Los gobernantes (emperadores, reyes y príncipes) tenían una autoridad limitada y carecían de medios económicos para pagar los sueldos de los funcionarios y las fuerzas armadas. La tierra era el principal recurso económico. Así que Carlomagno y sus sucesores (que en el siglo IX intentaron reorganizar a la Europa bárbara) no habían encontrado otra solución para garantizar la estabilidad de la renta a los jefes militares y a los gobernantes locales. A ellos, por lo tanto, les concedió el beneficio de territorios más o menos vastos: los llamados "feudos". Estos jefes estaban atados a la soberanía de una relación personal de dependencia. Habían jurado lealtad (a sus superiores), eran "sus hombres". A su vez, establecieron la misma relación de dependencia personal con sus propios hombres de armas. A estos "vasallos" se les dieron la tierra y otros derechos a cambio de la sumisión y del servicio militar. De esta manera todos los guerreros, que constituían la nobleza feudal, eran siempre propiedad de otros hombres.

En la base de la pirámide social estaban los productores. Pero la mayoría eran campesinos desarmados, "siervos de la espada", sin perjuicio de los nobles señores de la tierra. Se vieron obligados a pagar los innumerables y pesados servicios en especie (jornada de trabajo, don de una buena parte del producto agrícola, etcétera). No podían dejar sus pueblos, viajar, casarse, hacer contratos, sin consentimiento de su señor y del pago de altos tributos. Pero, al mismo tiempo, no podían ser expulsados de la tierra que cultivaban para ellos y para sus señores. Los pueblos también podían ser utilizados en común (en formas muy variables), la tierra no cultivada, pastos y bosques. Tampoco la propiedad estaba claramente definida. Sobre la misma tierra se habían heredado los derechos de los soberanos distantes, de los señores feudales y de los pueblos agrícolas. Y, además, a la Iglesia se le pagaba una décima parte del producto de la agricultura (de ahí el nombre de los "diezmos").

Con el desarrollo de la Ciudad (a partir del siglo XI) el orden político y jurídico de la Edad Media se hizo aún más complicado. Los municipios también se organizaron en asociaciones, personales y jurídicas, de hombres libres y armados: nobles de los rangos inferiores, y luego burgueses, a su vez, unidos en las "artes" y "corporaciones" de oficios, libres asociaciones profesionales, gobernadas por sus propios estatutos y reglamentos. Los municipios atrajeron a una parte de la población de las campañas, liberando a veces a los siervos de las cadenas. La relación con el poder central varíaba de una zona a otra. En Italia del norte y central, en Flandes, en Alemania y en Suiza, muchos municipios se convirtieron en ciudades-Estado, formalmente sujetas al emperador, pero libres para darse leyes, administración de justicia, organizar sus propios ejércitos, hacer guerras y alianzas. Como veremos más adelante, esta autonomía municipal tendría una gran importancia en los acontecimientos de la Reforma del siglo XVI.

En esta sociedad la identidad personal también fue concebida de manera muy diversa en relación con lo que ocurre hoy en día. A la pregunta de "¿quién es usted?", un hombre de la Edad Media respondía declarando su origen y el grupo al que pertenecía. Por ejemplo: "Soy Guido Cavalcanti, de Florencia". Esto, en el caso de que [el hombre] perteneciera a una familia noble, que [ya] tenía su propio nombre. Un agricultor se identificaba con el pueblo y su señor: "Soy Giovanni di Cavriago, súbdito del Conde de Canossa". Pero ya la misma demanda de identificación no venía formulada con las palabras "¿quién eres?" sino más bien con la interrogante "¿quiénes son tus padres?". En resumen, el hombre medieval pudo sobrevivir, física y legalmente, solo porque formó parte de un grupo particular: en grupos basados en lazos de parentesco (la familia, la raza, el origen étnico) o en grupos basados en una asociación jurada (vasallaje feudal, corporación, municipio).

Mercado de una ciudad alemana al inicio del siglo XVI.

2. La lealtad y la fe

Incluso los antiguos decían que la palabra latina *religio* se deriva del verbo *religare*: la religión, es decir, los hombres "de la liga". Por lo tanto, la religión es una parte esencial del orden que "mantiene unida" a la sociedad. Pero otros pensaban que la palabra *religio* se deriva del verbo *relegere*, "releer". Se refiere, a saber, a la lectura de los libros sagrados. El aspecto más importante es que, en la Edad Media, el poder sagrado de la Iglesia fue descrito exactamente como "atar y desatar". Pero, ¿cómo la fe y las actividades religiosas de la iglesia medieval iban a fortalecer y a garantizar los vínculos sociales? En un mundo en el que el orden se construye esencialmente por las relaciones de dependencia personal, la principal calidad y la virtud que se requiere [de los hombres] es "ser fiel": fiel a la familia, a la tribu, al superior feudal, al príncipe, a la ciudad y, finalmente, a la iglesia.

En el lenguaje universal de la Edad Media (el latín, que era la lengua de la iglesia, de la ley, de los sabios), la palabra *fides* no indica solamente la "fe" cristiana, sino también la "fidelidad" que deben practicar todos los días los hombres que pertenecen a otros hombres. Si no existe esta *fides*, la sociedad se disuelve. Así, cada asociación requiere un juramento de fidelidad. El juramento no es un acto moral y legal, sino un acto religioso. El juramento viene llamado a causa de la potencia divina, que consagra la pro mesa y el imperio de la fidelidad. Quien rompía la "fe jurada", desataba contra él la ira divina.

Esta consagración de las relaciones de dependencia y de asociación aparece indispensable en una sociedad en la que la justicia no estaba garantizada, ya fuera por un consenso general con respecto a las leyes o por la fuerza represiva del Estado. Pero, aunque el juramento era un acto religioso, debía ser controlado y administrado por la iglesia. En efecto, ella afirmaba que Dios le había dado el poder de atar y de disolver al hombre en todas las acciones y temas que tenían que ver con la religión.

La iglesia no se limitaba solo a la condena divina en la confrontación contra quienes traicionaban la fe jurada. También podía, a voluntad, desvincular a los hombres de sus juramentos y de sus deberes de fidelidad. Este tremendo poder fue reivindicado por la iglesia en relación con los que se iban fuera de su "comunión". Cuando los papas y los obispos excomulgaban a un emperador o un rey, a un príncipe o a una ciudad, toda la fidelidad y todos los pactos jurados quedaban suspendidos. El excomulgado era convertido en proscrito, al que todo el mundo podía golpear libremente. Por tanto, podemos decir que la fe cristiana y la sumisión a la autoridad de la iglesia, coronaban y "relegaban" verdaderamente todo el complicado edificio de la fidelidad medieval. Pero esto también abrió serios problemas religiosos, morales y políticos, que se volverían explosivos en el momento de la Reforma del siglo XVI.

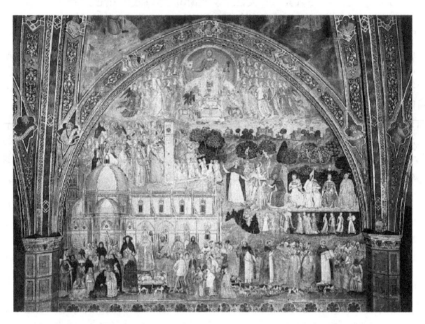

Andrea da Firenze (siglo XVI), *La iglesia militante y triunfante*. Cuadro muy representativo de la concepción del mundo propia de la Edad Media: le corresponde a la iglesia llevar a los seres humanos a la salvación eterna, y por lo tanto, ella es la representante de todas las clases sociales.

De hecho, en la Edad Media (así como en el mundo antiguo y en la Era Moderna), la fe cristiana no era solo un vínculo social. Era el mensaje de salvación ("evangelio" significa, en realidad, una "buena noticia"), una visión del mundo y de la historia, un proyecto para construir nuevas relaciones entre los seres humanos. Los cristianos no solo eran llamados simplemente para ser fieles. Eran llamados a conocer la voluntad de Dios, a seguir al Cristo crucificado y resucitado de entre los muertos, a poner en práctica la ley de Moisés (los Diez Mandamientos) y el amor al prójimo. Pero estas ideas religiosas y morales no encajaban tan fácilmente con las costumbres y la moral (es decir, con las reglas de vida) prevalecientes en la sociedad medieval. Entre la fe cristiana y otras formas de fidelidad existieron inevitables tensiones y conflictos.

En primer lugar, el edificio de la fidelidad no estaba tan claro ni tan coherente. Los grupos y los poderes, con los que las personas estaban relacionadas, eran diferentes y a menudo había guerras entre ellos. Un hombre, por lo tanto, ¿tenía que ser más fiel al rey o a su señor feudal? ¿Más fiel a su familia o a su ciudad? ¿A las autoridades políticas o las autoridades de la Iglesia? Pero, sobre todo, en segundo lugar, la vida social estaba dominada por la violencia armada. Esta violencia, en la Edad Media, no se consideraba como un mal necesario sino como una conducta noble, una virtud, pues era exaltada e impuesta por los códigos de fidelidad y de honor que regían el orden social. Ahora, la iglesia proporcionaba seguridad religiosa a estos códigos. Pero, al hacerlo, contradecía su mensaje evangélico. ¿Como se podía, al mismo tiempo, aprobar y condenar una conducta moral?

3. El poder sacramental y la potencia mundana de la Iglesia

En realidad, gran parte de la autoridad y de la potencia de la iglesia medieval se construyó y consolidó precisamente sobre la base de estas contradicciones. Por un lado la teología, la predicación, el arte sacro, tenían continuamente sometidos los ojos de los fieles en el aspecto negativo y horrible de la vida terrenal y del más allá: violencia, muerte, infierno. En este mundo no se podía remediar el pecado, ni crear una sociedad menos violenta y menos injusta. La Iglesia tenía como tarea proclamar el juicio y el perdón de Dios, que se manifestarían al final de los tiempos. Los pecadores debían someterse a los ministros de Dios, que recibían sus confesiones y los absolvían.

Por otro lado, la Iglesia reconocía y recomendaba que algunos fieles siguieran una regla de vida más coherente con el Evangelio y libre de violencia armada. Esta minoría la formaba el clero (que no llevaba la espada) y los que se retiraban del mundo y buscaban la perfección evangélica en las comunidades de los monasterios y conventos. El monacato medieval fue una gran experiencia de renovación religiosa y de civilización del mundo bárbaro. Pero, de esta manera, también se estableció una división del pueblo cristiano en dos diferentes sociedades, con reglas de vida distintas. Los méritos de los santos monjes, así como de los mártires de la fe, aumentarían el "tesoro de gracia" que se puso a disposición de los pecadores arrepentidos. Ciertamente, a estos fieles de segundo rango se les exigían las buenas obras. Pero las obras se veían cada vez menos como una manera de vivir las enseñanzas del Evangelio, puesto que se habían convertido en actos aislados de caridad y, sobre todo, en especiales acciones religiosas, tales como la penitencia, la participación en ceremonias, oraciones, ayunos y peregrinaciones.

El sacerdote organizaba y controlaba las acciones religiosas de los laicos y llevaba a cabo la suprema operación que le era reservada: los siete sacramentos de la Iglesia. A través de ellos, los sacerdotes ejercían una continua y fuerte influencia sobre la vida cotidiana de los fieles. Ya hemos visto cuáles eran las consecuencias de la excomunión sobre el juramento de fidelidad, pero había muchos otros aspectos. Desde el momento en que el matrimonio se convirtió en un sacramento, la vida sexual y familiar fue controlada por la iglesia.

Por último, está la absolución de los moribundos, acompañada de la extremaunción. En estos días se ponen en duda las leyes naturales y los hallazgos físicos hechos por la ciencia. Del mismo modo, en el mundo medieval, casi todo el mundo pensaba que la muerte no era el final de la vida personal sino la transición al otro mundo, donde los esperaba el tormento eterno o la evidencia del Purgatorio. En esta frontera angustiante estaba el hombre consagrado, porque el sacerdote podía absolver a los fieles en el momento de la muerte. El poder sagrado de la iglesia estaba en la base de su potencia, no solo espiritual sino también directamente mundana, es decir, política y administrativa.

La iglesia tenía sus propias leyes (el "derecho canónico") y sus tribunales en cada obispado. Estos tribunales juzgaban y condenaban todas las transgresiones de las leyes de la iglesia que tenían un aspecto público, desde las cuestiones matrimoniales hasta la blasfemia, desde la herejía hasta el rechazo a pagar el impuesto eclesiástico. Si la iglesia no era capaz de hacer valer directamente sus sentencias, fue porque, en principio, no tuvo el "poder de la espada". No obstante, estos juicios solo eran vinculantes para las autoridades civiles, que debían actuar como un "brazo secular" de la iglesia, su instrumento de apoyo en el mundo (*saeculum*). El tribunal del obispo (o la Inquisición) condenaba al hereje y el príncipe lo ejecutaba. Pero, al mismo tiempo, los miembros del clero que cometían delitos comunes (fraudes, robos, violaciones, etcétera) no eran juzgados, como sería lo normal, por tribunales civiles, sino por los tribunales eclesiásticos. Esto aseguraba a menudo a los miembros del clero una impunidad generalizada.

Un siglo de impresión. (Cobre grabado de Johann Ludwig Gottfried, 1619).

Finalmente, la mayor parte del sistema de educación pública estaba en manos de la iglesia. Incluso ya en la época del Renacimiento, la mayor parte de los profesores y docentes superiores formaban parte del clero o de las órdenes religiosas. Es más, los intelectuales laicos de formación "humanista" eran a menudo titulares de beneficios y rentas eclesiásticas, que les aseguraban la sobrevivencia. De hecho, la iglesia era igualmente una gran potencia económica. En los 1200 años que van desde la conversión de Constantino hasta la protesta de Lutero, las parroquias y las sedes episcopales, los monasterios y las órdenes religiosas habían recibido de los fieles una enorme masa de donaciones y legados. Así, la iglesia se convirtió en casi todos partes en el más grande terrateniente. En muchas zonas sus posesiones igualaban o superaban en amplitud a las de toda la población secular considerada en su conjunto.

El humanista holandés Erasmo de Rotterdam, en un retrato
de Hans Holbein, el Joven (1497-1543).

Ya en los últimos siglos de la Edad Media las autoridades civiles
(emperadores y reyes, príncipes y municipios) trataron de delimitar los
privilegios y el poder de la iglesia. Al inicio de la Edad Moderna, las monarquías nacionales (especialmente en Francia, en Inglaterra y, más tarde,
en España) se afirmaron ante los grandes terratenientes. La ley del rey y
su tribunal se hicieron más presentes y más eficaces que las de los señores
feudales. De este modo, los conflictos con el poder de la iglesia se hicieron
más frecuentes. El rey tendía a establecer su control directo sobre la iglesia y, en primer lugar, su jerarquía interna. El alto clero debía estar menos
atado al Papa y más apegado al rey. Este programa se ejecutaría completamente bajo la monarquía británica y, en gran medida también, por los
principales alemanes luteranos. En 1534, Henry VIII Tudor (1491-1547)
separó a la Iglesia de Inglaterra del cuerpo multinacional del catolicismo.
El rey se convirtió en el jefe de la iglesia y los obispos y arzobispos fueron reconocidos como altos funcionarios del Estado. Pero los monarcas
absolutos del Renacimiento no quisieron poner en cuestión el poder sagrado de la iglesia, ni su orden jerárquico interno. Necesitaban de la religión como vínculo político y social, como *instrumentum regni*, es decir,
"instrumento del Reino". Sin embargo, a principios del siglo XVII, el rey
de Inglaterra, Jacobo I Estuardo (1566-1625), dijo de modo muy sucinto

que su convicción personal era: "No hay obispos sin rey", "sin obispos no hay rey". La historia de los años sucesivos pareció darle la razón. En la revolución de los años cuarenta del siglo XVII, el parlamento inglés aboliría el episcopado (de *episcopus*, "obispo"), y poco tiempo después Carlos I (1600-1649), hijo y sucesor de Jacobo I, sería juzgado y decapitado.

Esto sucedió 130 años después de que Martín Lutero comenzara su protesta en contra de la Iglesia Católico-Romana. Pero lo fundamental consiste en esto: Lutero y otros reformadores protestantes no solo se limitaron a criticar al poder terrenal de la iglesia sino que también afectaron al mismo centro de poder de la iglesia medieval: la doctrina y la práctica de los sacramentos, es decir, la funcion del intermediario entre Dios y el hombre hasta ese momento era desempeñada por el sacerdote. ¿En qué momento las cuestiones sobre cómo debía organizarse y gobernarse la iglesia recibieron respuestas profundamente diferentes entre ellas? Conforme pasó el tiempo, se encontraron soluciones siempre más distantes del orden medieval de la sociedad, aunque también surgieron programas propuestos por los monarcas y príncipes del Renacimiento.

4. La revolución del libro

Volvamos por un momento a las antiguas explicaciones de la palabra *religio*, primer recordatorio. Se puede decir que el movimiento de Reforma del siglo XVI fue un dramático y contrastado cambio de los bonos religiosos (*religare*) de la sociedad medieval a la libre relectura (*relegere*) de las Sagradas Escrituras de judíos y cristianos, recogidas en la Biblia. Pero la lectura de las Sagradas Escrituras no fue una novedad del siglo XVI. Todas las grandes religiones se han fundado sobre la Escritura, las cuales fueron leídas, meditadas y explicadas. El hecho nuevo, al comienzo de la historia moderna, es que los libros sagrados fueron puestos en manos de la gente. Y esto sucedió por una serie de hechos y razones, que voy a tratar de resumir brevemente.

En primer lugar, está la innovación técnica más importante en la Europa del Renacimiento: la invención de los caracteres móviles (que tuvo lugar en Alemania en la segunda mitad del siglo XV) y el consiguiente desarrollo, extraordinario, del arte de la impresión. La inmensa producción de ideas y discursos de la reforma religiosa del siglo XVI pasó enteramente por la tipografía y fue difundida en Europa a través de la imprenta. Algunos historiadores piensan que, sin la prensa, Martín Lutero hubiera terminado rápidamente entre los herejes de la Edad Media. Se hubiera quedado aislado y su voz no hubiera sido escuchada en toda Alemania, ni en todo el mundo cristiano. Esta observación no carece de verdad, pero el hecho técnico de la imprenta no puede aislarse de otros eventos culturales y sociales.

En los años que precedieron a la Reforma, en los que surgieron nuevos intereses y nuevos modos de guardar los textos del pasado, los eruditos y los doctos humanistas habían descubierto o restaurado en su forma original muchas obras maestras de la antigüedad clásica, que habían sido alteradas por copistas medievales o traducidas imperfectamente del griego al latín. Este trabajo fue aplicado muy pronto a la Biblia, escrita originalmente en hebreo y griego, y usada en la Edad Media sobre todo en la versión latina (conocida como la *Vulgata*). El gran humanista holandés Erasmo de Rotterdam (1466-1536) hizo una nueva traducción del Nuevo Testamento, del griego al latín. El éxito de esa obra fue increíble: en unos pocos meses se imprimieron 300 ediciones sucesivas.

La actividad de los humanistas tuvo consecuencias decisivamente peligrosas. Si, de hecho, la iglesia había basado su enseñanza en traducciones que no correspondían al original, se podía oponer el texto auténtico a la enseñanza de la iglesia. Pero, en general, el regreso a los orígenes, necesario para los humanistas, se convirtió en un programa de crítica y reforma. La iglesia de ese momento vino a confrontarse con las ideas y las prácticas de la iglesia primitiva, documentada por el Nuevo Testamento. A las complicaciones de la teología medieval (la llamada "escolástica"), Erasmo y sus seguidores confrontaron la sencillez del Evangelio, comprensible para todos los seres humanos.

Se puede decir que todos los grandes reformadores del siglo XVI tuvieron como maestro a Erasmo de Rotterdam y siguieron el método crítico del humanista. Con ello dieron el siguiente paso, de una importancia incalculable. Erasmo utilizaba todavía el lenguaje universal de la iglesia, el latín. Por esa razón tuvo eco entre la gente educada de toda Europa. Sin embargo, para la gran masa de la población, el latín era una lengua incomprensible. Lutero y otros reformadores protestantes escribieron la mayor parte de sus obras en ese idioma, pero comenzaron muy pronto a traducirlas o a escribir directamente en las nuevas lenguas nacionales, llamadas "vulgares" porque eran usadas por el pueblo (*vulgus*). Finalmente, la Biblia fue enteramente re-traducida y puesta a disposición por completo para cualquier persona, que, por ignorar el latín, apenas sabía leer y escribir.

Lutero no solo abogaba por la exigencia de que todas las clases, incluso las más pobres, aprendieran a leer con el fin de ponerse en contacto con la doctrina divina. La Biblia alemana traducida por Martín Lutero, como la Biblia de Ginebra de los reformadores franceses y, finalmente, la versión inglesa, se convertieron en realidad en las matrices de las lenguas vernáculas. Contenían todavía modismos populares no reconocidos por completo con la dignidad cultural y en su lugar se conviertieron en los idiomas que expresaban la Palabra de Dios. Así se rompió la barrera que dividía al clero y el mundo de los sabios con respecto a la gran masa de la población. Con la imprenta y el uso de las lenguas vernáculas, la reforma religiosa se convirtió en una revolución cultural.

Una revolución es un proceso que implica a grupos sociales que, en cierto momento, son tenidos en sujeción o son excluidos del poder y del conocimiento. Alrededor de 1520, la lectura de los textos sagrados y de todos los libros, folletos y manifiestos en los que se expresaban las ideas de los reformadores, no tuvo lugar en forma privada. Ciertamente, la lectura y la meditación individual eran de muy grande importancia, pero la Reforma rápidamente se convirtió en un hecho público: las ideas se debatieron y discutieron en los conventos e iglesias, en los hogares, los Consejos municipales, los talleres, las calles, las tabernas. Y, por esto, la relectura de la Sagrada Escritura se convertió en algo radicalmente diferente de las religiones del pasado.

También debemos tener en cuenta el hecho de que la mayoría de la población, sobre todo la del campo, era todavía analfabeta. Los que no sabían leer se reunían alrededor de los que sabían hacerlo. De esta manera, el lenguaje de la controversia religiosa era para todos y todo el mundo podía entender, juzgar y tomar partido. Y aquellos que leían en voz alta, en medio de un grupo, muy a menudo ya no eran los sacerdotes o los intelectuales, sino los hombres del pueblo.

Una última observación. La reforma religiosa seguramente caminó con los pies del papel impreso, pero la impresión y su propagación pudieron haber sido obstaculizadas y bloqueadas. Esta represión se llevó a cabo de forma continua en los siglos XVI y XVII. Las autoridades de la iglesia y las civiles, contrarias a las nuevas ideas, confiscaron libros y los destruyeron, cerrando imprentas, multando y encarcelando a los impresores. Por lo tanto, para la difusión de la Reforma no fueron suficientes ni las técnicas de las imprentas, ni la nueva autoridad del libro promovida por los humanistas. Era también necesario que la autoridad pública hiciera algo para detener, o que estuviera incierta o hasta que se viera impotente para frenar el movimiento. En situaciones de gran movilización popular, las autoridades, incluso las más duras y represivas, fueron incapaces de detener el flujo de impresión ilegal y clandestino, como ocurrió en Italia durante los años de la Resistencia.

Así que la reforma religiosa fue, de hecho, una "revolución del libro". Esto fue posible porque, en los años veinte del siglo XVI, en Alemania y en otros países europeos, muchos de los antiguos vínculos sociales y religiosos estaban laxos o completamente sueltos. El orden medieval no desapareció de ninguna manera. Tardó más de dos siglos destruir el Antiguo Régimen, pero en muchos lugares había perdido credibilidad. Las complicadas relaciones de dependencia y sumisión a los grupos y los poderes oficiales, las diversas fidelidades del mundo feudal, eran cada vez más cuestionadas. Esto se hizo sobre la base de la autoridad de la Biblia y con la declaración: "Hay que obedecer a Dios antes que a los hombres".

Lutero monje visto por el pintor alemán Lucas Cranach, el Viejo
(Portada de *La cautividad babilónica de la Iglesia*, 1520).

CAPÍTULO 2

Martín Lutero, teólogo y reformador

Yo soy hijo, nieto y bisnieto de agricultores. Mi padre quería que yo fuera alcalde. Vine a Mansfeld y me convirtí en minero. Obtuve los títulos de licenciatura y de maestro. Luego me puse la casulla de color marrón y me hice monje, y esto me dió pena. Dar un salto en contra el papa, y casarme con una monja fugitiva. ¿Quién podría haber leído estas cosas en las estrellas?

Este resumen forma parte de los *Discursos de sobremesa* de Lutero, que los estudiantes e invitados, saludaron siempre con gran generosidad en la mesa de la familia del reformador, textos que se pusieron por escrito y se imprimieron después de su muerte en 1546. Cuando Lutero contó estas bromas, estaba lejos de aquellos años de la vida monástica. El gran hereje ya se había convertido en el maestro venerado de la Reforma Protestante, esposo de Catalina von Bora y padre de familia. Pero aquí también se habla del hombre "nuevo" y moderno. Lutero no ocultó su origen popular, apreciaba el ascenso social ocurrido en la historia de su familia, veía la vida como una extraordinaria aventura, y expresaba un alegre escepticismo sobre lo que entonces era considerada como una verdadera ciencia: la astrología, que pretendía leer en las estrellas el destino de los hombres.

Los Lutero eran campesinos libres, dueños de pocas tierras. Trabajando en las minas de Turingia, Hans, el padre de Martín, se había convertido en un pequeño empresario. Tenía también un cargo en la administración pública en la ciudad de Mansfeld. Los estudios universitarios del joven Martín debían coronar el ascenso de Lutero en la escala social ("Mi padre quería que yo fuera alcalde"). Se comprende fácilmente que Hans Lutero tuviera una pésima reacción cuando, en 1505, el veinteañero Martín interrumpió su carrera para entrar en el convento. Dieciséis años más tarde, el hijo dedicaría al viejo Hans el tratado *Los votos monásticos*, en donde es demolida por pieza por pieza la valla en que la Edad Media dividió los dos tipos de vida cristiana: monjes y laicos.

La historia de Lutero fue muy diferente a la de los humanistas, como Erasmo de Rotterdam. En los primeros años del siglo XVI, Erasmo afirmó que "el monacato no era una verdadera devoción religiosa". Pero el ataque radical al poder de la iglesia fue dirigido por el monje Lutero. Sus ideas germinaron en el transcurso de su vida monástica y desarrolladas en la enseñanza que él ofreció como doctor de la Orden de los Agustinos. Lutero abandonó la sotana únicamente después de que se quedó fuera de la ley en la Dieta Imperial de Worms, en 1521. Vuelto al laicado, sin embargo, se mantuvo fiel al celibato durante otros cuatro años.

En la última página de su insuperable *Lutero. El hombre y el pensamiento hasta la Dieta de Worms* (1946, Claudiana y ediciones posteriores), Giovanni Miegge escribió: "No podemos decir con certeza que la Reforma no nació de una crisis de la vocación monástica de Lutero, que, así, ésta se presentara a él como un consecuencia, no deseada ni bienvenida, de la aventura de la Reforma". ¿En qué consiste la crisis religiosa de Martín Lutero? ¿Y cómo llegó a las ideas subversivas de 1520?

Lutero y su esposa, Catalina von Bora, retratos de Lucas Cranach, el Viejo (1529).

1. Dudas y certezas del monje Lutero

Lutero se había comprometido totalmente en la vida monástica. Sus superiores apreciaban su conducta rigurosa y sus dotes intelectuales. Dos años después de haber pronunciado sus votos fue ordenado sacerdote y, más tarde, se le pidió que enseñara teología en la Universidad de Wittenberg, la cual se había dado desarrollado gracias al príncipe de Sajonia, Federico el Sabio. En 1513, Lutero comenzó sus cursos sobre los libros de la Biblia. Expuso y comentó los Salmos, la Carta a los Gálatas y, en 1515, la Carta a los Romanos. La meditación sobre este escrito fundamental del apóstol Pablo produjo un cambio en el pensamiento de Lutero. Habló de ello, muchos años después, en el prefacio a la edición de sus obras (1545):

> Me había inflamado el deseo de entender bien un vocablo usado en la Epístola a los Romanos, capítulo primero, donde se dice: "La justicia de Dios es revelada en el Evangelio"; porque hasta entonces yo la consideraba con terror. Esta palabra "justicia de Dios", yo la odiaba porque la costumbre y el uso que hacemos habitualmente todos los doctores me habían enseñado a entenderla filosóficamente. Entendiendo la justicia [...] por la cual Dios es justo y castiga a los culpables. No obstante la irreprensibilidad de mi vida de monje, yo era un pecador delante de Dios; mi conciencia estaba muy inquieta, y yo no tenía ninguna certeza de que Dios estaba apaciguado por mis obras de satisfacción. Así que no me encantaba [la idea] de un Dios justo y vengador. De hecho, yo lo odiaba, y si no jurando en secreto, por supuesto que indignado y murmuré contra él, diciendo: "¿No es suficiente que tal vez nos condene a la muerte eterna por el pecado de nuestros padres, y nos enfrente a sufrir la severidad de su ley? ¿Debe todavía crecer nuestro tormento con el Evangelio, y que también en lo que hacemos proclamar su justicia y su cólera? Estaba fuera de mí, estaba tan molesto con mi conciencia [...]
>
> Finalmente, Dios se compadeció de mí. Mientras meditaba día y noche y examinaba la conexión de estas palabras: La justicia de Dios es revelada en el Evangelio como está escrito: "El justo vivirá por la fe", y comencé a entender que la justicia de Dios significa que la justicia que Dios otorga, y por medio de la cual el justo vive, se tiene por fe. [...] Inmediatamente me sentí renacer, y pareció que se abrieron las puertas del paraíso.

Esta página nos ayuda a entender las preocupaciones y las dudas del monje Lutero. En los últimos siglos de la Edad Media muchos teólogos habían proclamado el infinito poder y la majestad de Dios. Incluso la persona de Cristo había adquirido aspectos angustiantes y terribles, en las representaciones del Día del Juicio. Pero la distancia abismal entre el Dios santísimo y los hombres perdidos en el pecado podría ser superada por la mediación de la iglesia. La gracia de Dios venía concedida mediante los sacramentos a las personas que hacían penitencia. Al mismo tiempo, como hemos dicho, la iglesia abrió una especial vía de santificación para los cristianos que (como Lutero) escogieron la regla del monasterio.

La justificación es el título de esta pintura de Luca di Grüneberg (siglo XVI).
Jesús es la paloma del Espíritu Santo que sostiene la espada del juicio de Dios,
esgrimida contra los que cuentan en sus propios méritos.

La vida de los monjes era vista como un continuo perfeccionamiento de la penitencia. Los ejercicios de la oración individual y colectiva, el ayuno, etcétera, debieron producir un estado de ánimo en el que la conciencia del pecado del ser humano se unió al amor desinteresado de Dios. El teólogo alemán del siglo XV, Gabriel Biel (cuyas obras fueron estudiadas por Lutero), había escrito: "No podemos acercarnos a Dios por cualquier acto, sino amando a Dios sobre todas las cosas. Este es el acto más perfecto, entre todos los que son posibles, naturalmente, para el que trata de acercarse a Dios; por lo tanto, es el acto que más disposición inmediata y última tiene en relación con la infusión de la gracia [...]. Así que, cuando existe esta disposición, al mismo tiempo, viene infundida la gracia".

Es decir, si el ser humano es capaz de amar a Dios, puede tener la certeza de estar "en un estado de gracia", pero, ¿qué será si no lo puede hacer? El ser humano que se esfuerza por amar a Dios ve toda tentación y toda angustia como pérdida de la gracia. Ahora, solo el compromiso del monje hacía más agudas y dramáticas las tentaciones del espíritu. Lutero estuvo especialmente preocupado por la "tentación de la indignidad", que traía a los seres humanos hacia la desesperación de sí mismos; y la "tentación de blasfemar", que está bien descrita en la página antes incluida, el Dios santo y su justicia se convierten en un objeto de odio en lugar de un objeto de amor.

Lutero encontró la respuesta a estas terribles dudas en la "teología de la cruz" del apóstol Pablo. En la Carta a los Romanos, Pablo habla de su experiencia. El ser humano religioso (como el judío piadoso Pablo) buscaba lograr "la justicia de la Ley" gracias a una completa y exhaustiva aplicación de los mandamientos de Dios. Pero es por esto por lo que viene o la desesperación ("No puedo ser justo delante de Dios ") o el orgullo ("Soy justo delante de Dios"). La desesperación y el orgullo se oponen también al ser humano a Dios. Así es que, lo que la Ley hace es revelar la distancia entre el hombre pecador y Dios mismo. La justicia de Dios, por el contrario, es la gratuita justificación del pecador. Esta justicia, diferente y opuesta a la del ser humano, se revela en la cruz de Cristo. Por lo tanto, Lutero pudo oponer la enseñanza de Pablo a la de los teólogos medievales, como Gabriel Biel. No es el hombre el que se acerca a Dios con "el acto más perfecto" del amor de Dios, al contrario, es Dios quien desciende hacia los seres humanos. En 1518, Lutero escribió:

> El amor viviente de Dios ama al hombre y al pecador, a los malvados, a los tontos, a los enfermos, para que sean justos, buenos, sabios, fuertes y, por lo tanto, los flujos de sí mismo y se lleva el pozo. Por lo tanto, los pecadores son hermosos, porque son amados, pero no son amados porque son hermosos. Así que el amor del hombre huye de los pecadores, los malhechores. En cambio, Cristo dice: "No he venido a llamar a los justos, sino a pecadores". Y éste es el amor de la cruz [...] Que va a donde es bueno para ser disfrutado, pero donde se puede traer bien al mal.

Dios, por tanto, no se conoce en su majestad y en su gloria, sino en lo que parece contrario: en la cruz de Cristo. "Cristo, de hecho, más que todos los santos, fue condenado y abandonado". Esto se dice en el comentario de Lutero a la Carta de Pablo a los Romanos. Y Lutero sigue: "De hecho, nuestro bien está oculto, y tan bien oculto, que se oculta bajo su contrario. Así, nuestra vida se oculta bajo la muerte, el amor de Dios por nosotros se oculta bajo el odio contra nosotros; la gloria bajo la ignominia; la salvación bajo la perdición; el reino bajo el exilio, el cielo bajo el infierno, la sabiduría bajo la locura, la justicia bajo el pecado, la fuerza bajo la debilidad".

2. El asunto de las indulgencias

La teología de la cruz ciertamente no era una herejía. Estaba bien fundada en los textos del Nuevo Testamento y no se alejó de la enseñanza de muchos Padres de la Iglesia antigua. La oposición dramática del pensamiento de Lutero pareció estar más cerca de la religiosidad de la Edad Media que de la serena y optimista moral de Erasmo de Rotterdam. En la misma página del comentario a Romanos, Lutero añade que Dios "es la negativa esencia, la justicia, la sabiduría, de la cual no se puede tomar posesión excepto a través de la negación de todas nuestras posiciones". Aquí, él utiliza el difícil concepto de "teología negativa", que había sido desarrollado por filósofos y místicos de la Edad Media. Pero, ¿cuáles podrían ser las consecuencias prácticas de la teología de la cruz?

En primer lugar, Dios se revela en la cruz, que es lo contrario del poder y de la gloria, y que parece a los hombres como una locura. Pero entonces, ¿como debe verse y juzgarse la institución sagrada, que dice representar en la tierra el poder y la gloria de Dios? En segundo lugar: en la cruz de Cristo la gracia divina se da gratuitamente a los pecadores, que no tienen ni pueden tener ningún mérito, mucho menos la perfección. Pero entonces, ¿cómo debe ser vista y juzgada la vía del perfeccionamiento de los monjes? ¿Cómo se pueden ejercer diversos estilos de conducta y diferentes rangos de cristianos? Cuando Lutero preparó sus primeros cursos sobre las cartas de Pablo, ciertamente no tenía en mente estas consecuencias. Éstas comenzaron a precisarse cuando vinieron las preguntas sobre las indulgencias.

El 31 de octubre de 1517, la víspera de la fiesta de Todos los Santos, Lutero publicó en la puerta de la iglesia del castillo de Wittenberg sus 95 "tesis" sobre las indulgencias. No fue una protesta individual sino una petición normal para la discusión pública sobre un tema que interesaba a la doctrina y la práctica de la iglesia. A principios del siglo XVI la venta de las indulgencias se había convertido en una forma común de financiamiento de la iglesia, al lado de los diezmos, las limosnas y las rentas patrimoniales.

En 1517, el Papa León X concedió al príncipe-obispo alemán, Alberto de Brandeburgo, una autorización para prohibir las indulgencias en sus territorios. Alberto, quien ya tenía dos obispados, estaba muy endeudado con los banqueros Fugger como para pagar al Papa la cuota destinada al asentamiento de una tercera sede, el arzobispado de Maguncia, el más importante de Alemania. León X, por su parte, tenía una gran necesidad de dinero para construir la nueva Basílica de San Pedro en Roma.

León X, en un famoso retrato de Rafael, el gran protector de la cultura renacentista, partidario de la venta de indulgencias como medio de financiación de la iglesia.

Pero Lutero no estaba al tanto de estas historias de origen financiero. Él puso a discusión los abusos y las desviaciones de las doctrinas que la práctica de las indulgencias había producido. La iglesia había construido una compleja disciplina de la penitencia. En el sacramento de la penitencia los fieles confesaban sus pecados, declaraban su contrición, eran disueltos de culpa y sujetos a "penas canónicas". Estas sanciones (oraciones, ayunos, etcétera) debían hacer visibles el arrepentimiento y la sumisión a la Iglesia. Con el tiempo se admitió transformar las penas canónicas en otros servicios, como la participación en las Cruzadas. La iglesia también fue influida por las leyes de los bárbaros germanos, que establecían formas de compensación monetaria por los delitos de sangre.

La indulgencia era una remisión de las penas canónicas, la cual podía ser gratuita o en relación con las ofertas de dinero. No era la misma que la absolución del sacramento por los pecados, pero la concesión de las indulgencias era a menudo acompañada de facilitar los elementos sobre la confesión del pecado y, por lo tanto, sobre la absolución. Era como si se provocara una gran confusión entre la disolución, las faltas y la remisión de las penas. Finalmente, se estableció una analogía entre las penas canónicas y las de las almas del purgatorio. El poder de atar y desatar se amplió a la zona intermedia de la vida futura. La iglesia pudo imponer sanciones por la absolución de morir y podía reducir la permanencia de las almas en el purgatorio. Se permitió a los vivos comprar indulgencias para los muertos. Y los pregoneros de las indulgencias declarados como el monje dominico Johann Tetzel en 1517, dijeron: "Cuando el dinero cae en la caja [de{ tesoro] el alma del purgatorio al paraíso pasa".

Ahora llegamos a las tesis de Lutero. En primer lugar:

Cuando el Señor y Maestro Jesucristo, dijo: "Haced penitencia", deseó que toda la vida de los fieles fuese una penitencia. (Tesis 1)

El escándalo de las indulgencias que se venden en un grabado en madera
de Jörg Breu, el Viejo (1530).

Lutero dice, entonces, que las demandas que estuvieron en la base de la vida monástica (hacer penitencia para toda la vida) se imponen, en realidad, a todos los cristianos. Pero la extensa idea de la penitencia viene transformada. En el Comentario a sus tesis, Lutero explica aún mejor que la penitencia consiste en actos individuales de contrición: es un "cambio de mentalidad" (esto es lo que significa la palabra griega del Evangelio *metánoia*, que, por lo general, se traduce como "arrepentimiento").

Más tarde, Lutero especifica cuáles son los límites del poder de atar y desatar. En cuanto a la culpa, la tarea de la iglesia es proclamar la gracia de Dios: "El Papa no puede remitir culpa alguna, sino declarando y garantizando que fue perdonada por Dios" (Tesis 6). En cuanto a las penas, Lutero no niega que el Papa tiene el poder de remitir el castigo que él mismo impuso: ése y ningún otro (Tesis 5). Por lo tanto, Lutero distingue la ley y el poder de la iglesia por la acción de Dios: el derecho canónico es un hecho humano y no divino. En consecuencia, él toma posición con respecto a la doctrina del purgatorio. No lo niega todavía, pero aclara que las penas canónicas se imponen solo a los vivos (Tesis 8). "Actúan el mal y la ignorancia entre los sacerdotes que reservan a los moribundos las penas canónicas en el purgatorio" (Tesis 10).

A continuación, se denuncia la confusión entre la remisión de pena, la absolución, la salvación:

> Por lo tanto los predicadores de indulgencias se equivocan cuando dicen que "el hombre puede ser liberado y salvado de todo castigo por las indulgencias del Papa". (Tesis 21)

En realidad:

> Cualquier cristiano verdaderamente arrepentido obtiene la remision plena de la pena y de la culpa que le corresponde, aun sin las cartas de las indulgencias. (Tesis 36)

Pero la práctica de las indulgencias también fue fundada con la idea de que la Iglesia administrara libremente el "tesoro" consistituido por los méritos de Cristo y de los santos. Sobre este punto, la crítica de Lutero se agudiza y las ideas de la teología de la cruz entran en el terreno de juego. El tesoro de las indulgencias no puede ser confundido con los méritos de Cristo, que estan siempre en acción "sin la intervención del Papa" (Tesis 58). Y luego:

> El verdadero tesoro de la iglesia es el sacrosanto evangelio de la gloria y de la gracia de Dios. (Tesis 62)

> Empero este tesoro es, con razón, muy odiado, puesto que hace que los primeros sean postreros. (Tesis 63)

> En cambio, el tesoro de las indulgencias, con razón, es sumamente grato, porque hace que los postreros sean primeros. (Tesis 64)

> Por ello, los tesoros del evangelio son redes con las cuales en otros tiempos se pescaban a hombres poseedores de bienes. (Tesis 65)

> Los tesoros de las indulgencias son redes con las cuales ahora se pescan las riquezas de los hombres. (Tesis 66)

Respecto a las indulgencias que los predicadores pregonan con gracias máximas, se entiende que efectivamente lo son en cuanto proporcionan ganancias. (Tesis 67)

No obstante, son las gracias más pequeñas en comparación con la gracia de Dios y la piedad de la cruz. (Tesis 68)

3. El papado romano

El arzobispo Alberto de Hohenzollern transmitió a Roma el texto de las 95 tesis de Lutero sobre las indulgencias. Reclamaba la atención del Papa sobre el peligro de las nuevas ideas, pero no sostenía abiertamente que fuese una herejía. De hecho, algunas de las críticas de Lutero fueron consideradas también válidas en Roma. Un año después, la bula pontificia *Cum Postquam* declaró que la indulgencia se aplica a las penas y no a los defectos, y reconoció que el Papa no podía reducir las penas del purgatorio.

Pero, mientras tanto, Lutero había sido denunciado como hereje por los frailes de la Orden de Santo Domingo, a la que pertenecía el predicador Tetzel. Los dominicos sostenían que Lutero había atacado las leyes de la iglesia (derecho canónico) y, por lo tanto, la autoridad del Papa. Las ideas de los dominicos, sin embargo, no fueron compartidas por los monjes agustinos alemanes, la orden religiosa de Lutero. La polémica se convirtió en un hecho público. Las tesis y los escritos posteriores de Lutero fueron traducidos a las lenguas vernáculas y difundidos gracias a la imprenta. Los doctores humanistas, que predicaban el retorno de la iglesia a la simplicidad de sus orígenes, acogieron favorablemente las ideas de Lutero.

La crítica al poder mundano del papado estaba particularmente extendida en Alemania, por razones religiosas y morales, aunque también políticas y fiscales. La Alemania imperial aún estaba dividida en numerosos principados, laicos y eclesiásticos, ciudades libres, etcétera. Los representantes de estos Estados locales se reunían periódicamente en la Dieta imperial (una especie de parlamento). El emperador era elegido por siete electores, entre los que se encontraba el Príncipe de Sajonia, del que Lutero era súbdito. Como hemos mencionado, a principios del siglo XVI las monarquías nacionales de Francia, Inglaterra y España comenzaron a restringir los privilegios de la iglesia. Pero Alemania, todavía medieval, no tenía autonomía en el plano eclesiástico y aseguraba una buena parte de los recursos de la corte papal de Roma, activa en dispendiosos programas. El proceso causado por las denuncias contra Lutero se extendió por mucho tiempo. Los prelados romanos, que debían examinar la causa, estaban muy preocupados por la discusión sobre la autoridad del Papa, que había empezado en Alemania. Sin embargo, por razones políticas, vacilaban en pronunciar una condena.

La alianza entre la Iglesia y el Imperio significaba que Lutero era perseguido, también a través de intervenciones de tipo político. Contra el jefe de la Reforma entró así en acción el emperador Carlos V, que proscribió a Lutero, declarando que "su enseñanza conduce a la rebelión, división, guerra, asesinato, robo, fuego y la ruina de la cristiandad". Retrato de Bernaerd van Orley (después de 1515).

Cuando murió el emperador alemán Maximiliano de Habsburgo, el Papa abogó durante cierto tiempo en favor de la candidatura imperial de Federico, el Sabio, quien quiso que el proceso de Lutero fuera trasladado a Alemania. Después de diversos coloquios y mediaciones, la condena de las ideas de Lutero fue declarada definitivamente en Roma en la primavera de 1520, la cual debía ser publicada y difundida en diferentes territorios de las autoridades civiles, pero éstas se comportaron de un modo bastante diferente. En muchos principados y ciudades, las obras de Lutero fueron quemadas públicamente, como fue requerido por la condena.

En los tres años que siguieron a la publicación de las tesis sobre las indulgencias, la controversia llevó a Lutero a posiciones mucho más radicales. En Heidelberg, en 1518, definió, en el contexto de la teología de la cruz, la idea de la justificación por la fe. "No es justo el hombre que trabaja mucho, sino el que, sin trabajo, cree mucho en Cristo". Pero, si las obras de los seres humanos no cuentan al final para la salvación, ¿cuál es el valor de las obras sagradas que constituyen la base del poder de la iglesia? Para aquellos que preguntaban con qué autoridad puso en duda la tradición de la iglesia, Lutero les respondió que todo el edificio del derecho canónico —y también la doctrina de los sacramentos—, debían ser comparados con la Palabra de

Dios. El Papa, así como los concilios, podían errar. El único criterio de verdad son las Sagradas Escrituras del Antiguo y del Nuevo Testamento.

Cuando, en junio de 1520, se emitió la bula papal *Exsurge Domine*, con la que se le amenazó con la excomunión, Lutero acababa apenas de publicar su documento *Del papado romano*, donde veía al papado como una institución puramente humana e histórica. Los cristianos de las iglesias orientales ("intento hablar de los moscovitas, de los rusos blancos, los griegos, los bohemios, y muchos otros grandes pueblos del mundo") tienen el "mismo bautismo, sacramentos y Evangelio; y todos los artículos de la fe cristiana que nosotros", pero no tienen al Papa. Por lo tanto, "como ellos forman parte de la comunidad romana no por eso se vuelven cristianos, así que el hecho de estar fuera no lleva a los cristianos a ser herejes o malos cristianos". En realidad, "la cristiandad entera, también sobre la tierra, no tiene otro jefe que a Cristo". Y si la cristiandad no puede tener ningún jefe terreno, "no puede tener ningún vicario". Por lo tanto, "ni el Papa ni el obispo nunca podrán convertirse en vicarios de Cristo o sus sustitutos en esta iglesia".

Federico, el Sabio, secuestró a Lutero para exiliarlo y lo condujo a un lugar seguro en el bosque de Turingia (grabado de Alberto Durero, 1524).

Pero si el Papa y los obispos no son ni líderes de la iglesia, ni sustitutos de Cristo, ¿qué son?: "Dejad que respondan los laicos, los cuales dirán: san Pedro es uno de los doce apóstoles y los otros apóstoles son los mensajeros [...] Ahora, puesto que son mensajeros de su jefe Cristo, ¿quien será tan tonto como para decir que tan gran Señor [...] tiene un solo mensajero en toda la tierra, y que éste, a su vez, crea a sus propios mensajeros?".

¿Cuáles son entonces los "signos" de la iglesia? Lutero responde: "Los signos que se pueden ver desde fuera, allí donde ésta Iglesia existe en el mundo, son el bautismo, los sacramentos y el Evangelio, y no Roma, o este u otro lugar. [...] Pero Roma, es decir, el poder papal, no es un signo de la Iglesia, porque esta potencia no sirve para hacer un cristiano, como lo hace el bautismo y el Evangelio".

Después de discutir largamente el pasado de las Escrituras que son invocadas por los que argumentan que el papado es una institución divina, Lutero expresa su opinión personal. El Papa se había convertido en una potencia terrena, como cualquier otro gobernante de este mundo. Puesto que Dios "tolera como plaga del mundo que algunos hombres se enaltezcan volviendo sujetos a los otros", hay que soportar la potencia del Papa, "como si nos fuera a dominar el turco". Pero dos cosas no pueden ser aceptadas:

> En primer lugar, no tolero que algunos hombres establezcan nuevos artículos de fe, difamando a todos los otros cristianos, condenándolos y acusándolos como herejes, apóstatas e infieles solo porque no están sujetos al Papa. [...].

> En segundo lugar, todo aquello que el Papa establece, cumple y dispone lo voy a aceptar solo después de haberlo juzgado en acuerdo con las Santas Escrituras. Para mí, él debe ser sometido a Cristo y dejarse guiar por la Santa Escritura. [...] De lo contrario no va a ser para mí ni Papa, ni cristiano, y quien no quiere admitirlo haga de él un ídolo; por mí, no entiendo venerarlo.

4. La demolición del poder sacerdotal

En las semanas siguientes a la publicación de la condena papal, Lutero dio el paso decisivo. El Papa y la jerarquía de la iglesia no habían acordado reformar la iglesia, oponiendose al juicio de la Escritura. Por lo tanto, Lutero se volvió hacia los laicos, y esta vez directamente en lengua alemana. A mediados de agosto de 1520, ya se habían impreso y vendido cuatro mil copias del texto *A la nobleza cristiana de la nación alemana*, acerca de la corrección y del mejoramiento de la sociedad cristiana. Lutero se dio cuenta de la gravedad de su decisión. En la carta de presentación de la apelación, escribió:

> El tiempo del silencio ha pasado y ha llegado el momento de hablar [...]. Reuní algunas propuestas sobre la manera de corregir y de mejorar la sociedad cristiana, de presentar a la nobleza cristiana de la nación alemana, en el

caso de que Dios quiere ayudar a su iglesia sirviendose de los laicos, visto que los clérigos, quienes serían responsables de esta tarea, se han convertido del todo negligentes [...] Debo cumplir con el proverbio: "En todo lo que el mundo hace debe estar presente un monje, aunque se le deba pintar". En varias ocasiones un loco habló con sabiduría y muchas veces los sabios se han convertido en gran parte en una locura, como lo dice Pablo [I Corintios 3:18]: "Si alguno de ustedes presume de ser un sabio [...] debe volverse loco para ser sabio". Desde el momento en que no soy solo un tonto, sino también un doctor de la Escritura que ha prestado un juramento, me regocijo por la oportunidad que me es dada de tener fe en mí juramento, precisamente en este modo propio de un loco.

Retrato de Lutero, vestido de caballero en el periodo de retirada en Wartburg
(Lucas Cranach, el Viejo, 1521-1522).

Mucho más que otros escritos de principios del siglo XVI, esta primera página anunció el colapso de la Edad Media. Lutero, de hecho, no es un filósofo naturalista o un político sin escrúpulos del Renacimiento. En el momento de la ruptura todavía está convencido de tener fe en su juramento de monje y doctor en la Escritura. Pero esta fe subvierte ahora a la misma institución sagrada que conectaba y garantizaba el edificio entero de la fe jurada. La sabiduría de Dios es locura para los hombres: esto dice el apóstol Pablo. La crisis personal del monje Lutero ha encontrado solución en la teología de la cruz, pero ahora esta teología manifiesta la crisis de un mundo. En la apelación a la nobleza alemana, Lutero se propone atacar los "muros" que fueron levantados por los defensores del poder papal (que él llama "los romanos"). El primer muro es lo que divide el clero del laicado.

> Se ha inventado de llamar "estado eclesiástico" al Papa, los obispos, los sacerdotes y los que viven en monasterios y se llaman "estado laico" a príncipes, señores, artesanos y campesinos. Bueno, esto no es más que una invención ingeniosa e hipocrita. Pero nadie se deja intimidar por esta razón: que todos los cristianos pertenecen al estado eclesiástico. [...] Así que todos estamos consagrados sacerdotes por el bautismo, como dice san Pedro (I Pedro2 [:9]): "Ustedes son un reino sacerdotal y un sacerdocio real ", y el Apocalipsis: "Con tu sangre nos has hecho sacerdotes y reyes "[5:10].

La consagración de los pastores y ministros de la iglesia se reduce a esto: en nombre de la entera comunidad de fieles se vuelve ordinario ejercitar para todos un cierto oficio:

> Es como si diez hermanos, hijos de un rey y todos herederos de la misma manera, eligen a uno de ellos para administrar la herencia en su lugar; que seguirían siendo reyes y tendrían la misma autoridad, pero solo a uno le es dado a la tarea de administrar.

> De esta manera, en la antigüedad, los cristianos eligieron entre la multitud de sus obispos y sacerdotes, que posteriormente fueron confirmados por otros obispos, sin todo el brillo que reina hoy en día. Así se convirtieron en obispos Agustín, Ambrosio y Cipriano.

Pero si todos los cristianos son, según el derecho, sacerdotes, se debe entonces ahora poner en tela de juicio toda la doctrina de los sacramentos, que establece el poder separado del clero y de la jerarquía. Esto lo hizo Lutero en el más revolucionario de sus escritos de 1520, titulado *La cautividad babilónica de la iglesia,* publicado en latín a principios de octubre. La iglesia medieval había establecido que los sacramentos son siete: la eucaristía, el bautismo, la penitencia, el matrimonio, la confirmación, la ordenación y la extremaunción. Lutero afirma que los cuatro últimos no están fundados en la Sagrada Escritura.

Hemos visto que la idea del sacerdocio universal de los creyentes cambió radicalmente la figura de los pastores de la Iglesia: su elección y consagración ya no podía reservarse a la jerarquía eclesiástica. Por esa razón debía dejarse caer el sacramento de la ordenación. Pero ese mismo concepto de sacramento fue redefinido también. Según Lutero, los sacramentos son una de las formas en que la Iglesia proclama públicamente el Evangelio y la gracia divina. Lo que él llama la "cautividad babilónica de la iglesia" es que este anuncio se ha convertido en un ejercicio de poder sagrado.

La eucaristía, "el primero de los sacramentos", está en el centro de la misa. Pero "lo que llamamos misa es la promesa del perdón de los pecados, la promesa hecha por Dios, fortalecida por la muerte del hijo de Dios".

De acuerdo con su esencia, por lo tanto, la misa propiamente no consiste sino en que las palabras de Cristo que ya hemos citado: "Tomad, comed, etcétera" [Mt.26:26]. Es como si dijera: "He aquí, hombre pecador y condenado: Yo, con estas palabras, te prometo por el amor puro y gratuito con el que te amo y por el que el Padre te desea misericordias [véase II Cor. 1:3], antes de cada uno de tus méritos y de cada uno de tus votos, la remisión de todos los pecados y la vida eterna. Y porque tú estás bastante seguro de ésta, mi irrevocable promesa, yo la confirmo con mi propia muerte, ofreciendo mi cuerpo y virtiendo mi sangre, para dejártelos como signo y recuerdo de la misma promesa. Cuando tomarás parte, acuérdate de mí, anuncia y celebra mi amor y mi generosidad hacia ti y da gracias.

A partir de esto tú ves que, con el fin de celebrar la misa, no se requiere sino una fe que se basa en la confianza de esta promesa, que cree en la verdad de estas palabras de Cristo y no duden del don que se hizo de estas inmensos bienes.

Lutero quema la bula papal *Exsurge Domine*. (Grabado en madera, del siglo XVI).

Pero la Eucaristía se había convertido en una ceremonia en parte reservada al clero. El signo de esta separación está en el hecho que se distribuye únicamente a los fieles el pan (la hostia) y no el vino. Lutero, aquí, está de acuerdo con los reformadores bohemios del siglo XV, que habían restaurado la comunión del pan y el vino, tal como se describe en el Nuevo Testamento. Pero, sobre todo, la iglesia medieval había establecido que la mesa es una repetición del sacrificio de Cristo. Cuando el sacerdote pronuncia las palabras: "Éste es mi cuerpo, etcétera," el pan y el vino se convierten en realidad en el cuerpo y la sangre de Cristo. Solo un hombre ungido puede realizar este milagro ritual.

Lutero niega que la mesa sea un sacrificio ofrecido sobre el altar, "nosotros recibimos la misa, en cambio ofrecemos un sacrificio. Recibir y ofrecer no son la misma cosa": "Quien también dice misa en público, no intenta hacer otra cosa más que recibir la comunión, él y los otros, durante la misa y ofrecer, sin embargo, al mismo tiempo, las oraciones para él y para los demás, evitando cuidadosamente presumir de ofrecer la misa".

El sacramento, don de Dios, se recibe por la fe. Pero, en este punto, ya no es necesario que la Eucaristía sea administrada por un hombre santo, diferente de los simples fieles. En realidad todos los creyentes son sacerdotes. Y, por último, el poder de atar y desatar. Lutero afirma que también el sacramento de la penitencia "es constituido por la palabra de la promesa de Dios y de nuestra fe". Pero "los textos en los que Cristo pronuncia su palabra de promesa, Mateo cap. 16 ('Todo lo que ates', etcétera). [Mt. 16:19]) [...] y Juan, en el último capítulo, ('aquellos a quienes se les perdonó los pecados, les quedan perdonados', etcétera. [Jn. 20:23]) y que se busca la fe de los penitentes, para que obtengan la remisión de sus pecados, ellos [los pastores de la Iglesia] han adaptado su tiranía". Sin embargo, Cristo "no cuestiona el poder, sino que habla de la fe".

La confesión de los pecados es controlada seguramente por Dios pero Lutero niega que solo los sacerdotes tengan el derecho de escuchar las confesiones y pronunciar la absolución. Cristo ha dicho: "Donde estén dos o tres personas reunidas en mi nombre, yo estaré en medio de ellos". Y por eso Lutero concluye: "Por tanto, yo no dudo de que quien esté absuelto de sus pecados secretos cualquiera, después de haber confesado espontáneamente o haber sido re-tomado, pida perdón y haga las paces en privado delante de cualquier hermano, sin embargo, la prepotencia de los pontífices podría rebelarse contra esta verdad, desde el momento en que Cristo ha dado a cualquiera que sea su fiel el poder para absolver incluso los pecados manifiestos.

Por lo tanto, Lutero ha anulado la doctrina y la práctica de la iglesia medieval. Los sacramentos eran el fundamento del poder sagrado. Para Lutero, el lugar de los verdaderos sacramentos se contrapone a la "tiranía" que ha encarcelado a las personas que creen en la nueva Babilonia (véase más adelante, cap. 3, párrafo 1).

5. La libertad del cristiano

Por medio de los sacramentos, la iglesia de la Edad Media ejercía un fuerte control sobre la vida de los fieles. Penitencias y misas, fiestas sagradas, ceremonias públicas y privadas, periódicamente repetidas, dieron orden y ritmo a los días de la semana y al calendario anual. Todos los sectores de la vida humana, desde el nacimiento hasta la madurez y la muerte, estaban marcados y encuadrados por los ritos de la Iglesia: el bautismo y la confirmación, el matrimonio y la extremaunción.

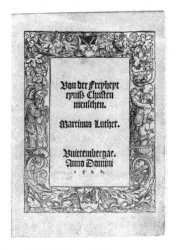

Portada de *La libertad del cristiano* (1520), obra que contiene la primera formulación de los principios de la ética protestante.

Ahora, los sacramentos del bautismo, la eucaristía y la penitencia ya no eran obras sagradas realizadas por el sacerdote, y la confirmación, el matrimonio y la extremaunción no forman parte en absoluto de los sacramentos. Por lo tanto, ¿qué va a ser de la disciplina de la vida de los fieles? Y si las obras ya no cuentan más para la salvación eterna, ¿cómo se puede ejercer una moral que sea una regla del comportamiento cristiano? La teoría de Lutero abrió estas grandes preguntas. El último escrito luterano de 1520, titulado *La libertad del cristiano,* publicado en noviembre, puso por lo tanto en 30 breves e incisivos párrafos, la base teórica de una disciplina, de una nueva moral: la ética protestante. El discurso de Lutero procede, una vez más, a través de conceptos en fuerte oposición.

> Para que podamos comprender a fondo que cosa es el hombre cristiano, y la libertad que Cristo ha adquirido y dado [...] yo establezco las dos proposiciones siguientes:

> Un cristiano es un señor libre sobre todas las cosas, y no está sujeto a nadie.

> Un cristiano es un siervo dispuesto en todo, y se somete a cada uno.

El cristiano tiene una doble naturaleza: es un hombre interior, espiritual y nuevo; y es un hombre exterior, corpóreo y de edad. Ninguna cosa externa puede hacer que el hombre interior sea libre y piadoso: "No ayuda al alma que el cuerpo esté vestido con las vestiduras sagrado, como lo hacen los sacerdotes y los clérigos; e incluso sus iglesias y lugares sagrados; ni para tratar de las cosas sagradas [...]". Lo que hace que el hombre interior libre y piadoso es unicamente el santo evangelio, la palabra de Dios predicada por Cristo. Pero ¿qué quiere decir esto?

> Tú sientes que tu Dios dijo que toda la vida y la obra no son nada delante de Dios, de hecho, deberías, con todo aquello que hay en ti, ir a la perdición eterna. [...] Sin embargo, tú puedes venir fuera de ti, y lejos de ti, es decir, de tu perdición, presentar a su amado Hijo Jesucristo, y te hará decir [...] que tienes que abandonarlo con la firmeza de la fe y confiar en él vigorosamente.

Por lo tanto la fe, sin ningún trabajo, vuelve al ser humano libre y bendecido. La fe es la unión del alma con Cristo: "Si Cristo tiene todos los bienes y las bienaventuranzas, se trata de su propia alma. Si el alma tiene culpa y pecado, se convierte en Cristo. Aquí se cumplen el feliz intercambio, la buena contención". Y puesto que Cristo es "sacerdote y rey", por lo que es el hombre cristiano: "¿Quien puede ahora imaginar la dignidad y la alteza de un hombre cristiano? Por su realeza es el Señor de todo; por su sacerdocio, él tiene poder sobre Dios".

Pero ¿por qué, entonces, se solicitan las buenas obras? Aquí comienza la segunda parte del discurso. El cristiano no es todo espiritual e interior. "Aquí en la Tierra existe solamente un principio y un crecer, que será cumplido en el otro mundo". El cristiano, por tanto, debe "gobernar su propio cuerpo y tener relaciones con los otros hombres": "Ahora, aquí comienzan las obras. Aquí el hombre no debe estar ocioso; aquí realmente el cuerpo debe ser incitado y adiestrado con el ayuno, las vigilias, el trabajo y con cada disciplina, porque así permanece obediente y conforme al hombre interior y a la fe".

La disciplina que los monjes practican en el convento, por lo tanto, se impone a todos los cristianos. Pero hay una diferencia fundamental: estos trabajos no servirán para la salvación, que es asegurada por la fe. Los seres humanos viven en sociedad, y ahí radica el verdadero sentido de sus obras. En la Carta a los Filipenses, el apóstol Pablo ha escrito que todo cristiano debe tener "respeto no solo para sí mismo y para sus propias cosas, sino también por los otros y a aquello por lo que es necesario": "Mira, aquí Pablo ha claramente puesto la vida cristiana en esto, en que todas las obras estén dirigidas al bien del prójimo, porque cada uno tiene la suficiencia, para sí mismo, en su fe, y le quedan todas las obras y la vida para servir con ellas por amor libre a su prójimo".

La moral y la disciplina cristiana son, por tanto, enteramente subversivas en la vida social. Pero la sociedad tiene un orden, que debe ser respetado. El cristiano debe ser sometido a las autoridades y hacer su voluntad "por amor y libremente". Ahora podemos entender mejor el juicio agudo de Marx sobre esta revolución: Lutero suprimió la medieval "servidumbre por devoción" y estableció en su lugar el servicio "por convicción". Como veremos más adelante, en el mismo periodo de la Reforma, no todo el mundo estaba convencido, como Lutero, de que la libertad interior del cristiano debía necesariamente estar de acuerdo con la servidumbre del hombre exterior.

Frontispicio del documento *A la nobleza cristiana de la nación alemana*, de Lutero, con el que trató de implicar a las clases dominantes en su protesta contra el poder eclesiástico.

Pero Lutero no pensaba que la sumisión del cristiano a la autoridad debía ser total e incondicional. Los "dos reinos", el interior de la gracia divina y de la libertad; y el exterior, de las leyes humanas y de la servidumbre, tienen límites que no deben ser violados. Pero el Papa y los "romanos" habían invadido el campo de la autoridad civil y habían transformado el reino espiritual de Cristo en un poder mundano. A esta confusión Lutero opuso todo su programa de reformas y la teoría de los "dos reinos". Por otro lado, el Estado no debe interferir en la vida del hombre interior, y ya no puede obligar a los creyentes a ponerse en contra de la palabra de Dios. En su tratado *Sobre la autoridad secular: ¿hasta qué punto es necesario prestarle obediencia?*, escrita en 1523, Lutero afirma: "Cosa libre es la fe, y no se puede obligar a nadie". Por lo tanto, "si la potencia terrena se atreve a dar leyes a las almas, usurpa la potestad de Dios y solo puede inducir a error y a corromper las almas".

Cuando la autoridad civil sobrepasa sus límites en este punto (y para Lutero era un punto esencial), la libertad del cristiano debe prevalecer sobre la obediencia a las leyes. Pero Lutero sostiene que esta desobediencia del ser humano no debe transformarse en rebelión. La objeción de conciencia del hombre interior tendrá como consecuencia el sufrimiento del hombre exterior. Lutero se refiere al comportamiento de los cristianos de los primeros siglos frente al Estado romano, pagano y perseguidor. Los mártires de la fe habían rechazado el culto del emperador y habían aceptado las consecuencias jurídicas de esta transgresión: la condena a muerte. La conducta personal de Lutero, en los años 1520-1521, era coherente con estos principios.

La bula papal *Exsurge Domine* concedió a Lutero 60 días para someterse. La bula le fue entregada el 10 de octubre de 1520. A su vencimiento, el 10 de diciembre, decidió quemarla públicamente, en Wittenberg. A estas alturas la excomunión era inevitable. Pero el príncipe Federico, el Sabio, convenció a Lutero para que llamase al emperador, quien tenía que ejecutar la condena y poner así al hereje fuera de la ley.

El joven Carlos V (1500-1558), heredero de todos los dominios de la casa de los Habsburgo (Austria, Flandes, etcétera) y de la corona española, también fue elegido emperador de Alemania en 1519. Era un ferviente católico, hostil a las ideas de Lutero. Pero, al mismo tiempo se encontraba, en el plano político, en conflicto con el Papa y no quería perder el apoyo de los príncipes, ni de las ciudades alemanas. Después de muchas dudas, aceptó que Lutero compareciese frente a la Dieta Imperial, reunida en la ciudad de Worms en la primavera de 1521. De esta manera ofreció a Lutero una última oportunidad para renegar de sus ideas. En presencia del emperador y de todos los representantes de los Estados alemanes, se le exhortó: "Inténtalo de nuevo, sí o no, y todos tus libros y los errores que contienen". Pero Lutero respondió:

> Puesto que Su Majestad y sus señorías piden una simple respuesta, voy a dar una sin cuernos o dientes [es decir, no sin dificultades y sugerencias]: si no se me convence mediante el testimonio de la Escritura y la clara razón, porque no creo ni en el Papa ni solo en los concilios, puesto que es evidente que han errado y se contradicen. Estoy convencido por mi conciencia y estoy prisionero de la Palabra de Dios [...]. Por lo tanto, no puedo ni quiero retractarme, ya que no es seguro o saludable hacer nada en contra de mi conciencia. Que Dios me ayude. Amén.

Carlos V, con el consentimiento de la Dieta, puso a Lutero al margen del imperio: "Su enseñanza conduce a la rebelión, división, guerra, asesinato, robo, incendio y a la ruina de la Cristiandad". Lutero llegó a Worms con un salvoconducto imperial de 21 días. Al final de ese periodo, no tenía más concesión de asilo. Pero al regreso de Worms fue secuestrado por hombres de Federico, el Sabio, y llevado a un lugar seguro en el castillo de Wartburg, en las profundidades del bosque de Turingia. Allí, Martín se quitó la toga y vistió ropa de caballero, se dejó crecer la barba y empezó a traducir la Biblia al alemán. Cuando, después de varios meses, salió por su propio riesgo del refugio de Wartburg, sus discípulos pasaron a la acción. Los monjes y monjas se quedaron en los conventos. Los sacerdotes se casaban. En la misa, los fieles venían a la comunión con el pan y el vino, y el Consejo municipal de la ciudad de Wittenberg había votado a favor de las transformaciones del culto. La Reforma se había convertido ya en un hecho público.

Los campesinos en un grabado de Alberto Durero (1497-1498).

CAPÍTULO 3

El sentido de la historia. Entre la reconstrucción y el apocalipsis

El año 1521 es un hito en la historia de Europa. La Dieta de Worms y los acontecimientos posteriores son vistos y juzgados de diferentes maneras y contrastes. Muchos los consideran una tragedia: la unidad religiosa de Europa medieval se dividió para siempre y comenzaron las divisiones y los conflictos ideológicos interminables de la Era Moderna. Otros ven aquí el comienzo de cuatro siglos de revoluciones, que han cambiado la faz del mundo. Este libro no tiene la tarea de contar la historia de la Reforma Protestante. En el capítulo anterior se ha hecho énfasis en la historia personal y en las ideas de Lutero. Los párrafos que siguen muestran algunos desarrollos del pensamiento protestante, en un tiempo muy largo, alrededor de dos siglos. No es un trabajo fácil.

En primer lugar, de hecho, la Reforma no fue simplemente una construcción de teorías, sino un continuo entrelazamiento de ideas y de acciones. La teología ya no estuvo separada de la predicación pública, de la controversia y de la propaganda, de las diferentes opciones de organización de la iglesia y de su relación con el Estado. En este sentido, la historia del pensamiento protestante está más cerca de las vicisitudes ideológicas de los modernos movimientos políticos que de la historia de las ideas filosóficas y científicas. Ciertamente incluso estos movimientos están relacionados con la práctica y las grandes mutaciones de la vida social. Pero han sido generalmente procesados dentro de las instituciones culturales específicas (escuelas universitarias, academias y sociedades de sabios), menos relacionadas con la vida cotidiana del pueblo. Pero, en segundo lugar, la imbricación entre las ideas y las acciones típicas del protestantismo a menudo es difícil de entender para nosotros, porque se expresa en un lenguaje religioso y bíblico, que hoy ya no forma parte del discurso común.

Lo que tratamos de entender, desde un mundo ahora distante, depende en gran medida de nuestras opciones e intereses. En las escuelas medias y superiores de Italia ahora se utilizan diferentes libros de texto de historia, muchos de los cuales son serios y están bien hechos. Por lo general, estos libros ponen a la luz dos aspectos principales de la Reforma Protestante: por un lado, el pensamiento religioso de Lutero y, por el otro, la ética, es decir, la doctrina moral, desarrollada principalmente por el reformador de Ginebra, Juan Calvino, y sus seguidores en Inglaterra y Estados Unidos.

El pensamiento de Lutero está en el centro de la lucha que ha dividido al mundo cristiano. La ética calvinista es vista como un momento importante de la formación de la sociedad burguesa y del "espíritu del capitalismo", según las palabras del gran sociólogo alemán Max Weber (1864-1920). Pero los sociólogos, como Weber, a menudo han pasado por alto otro elemento que parece esencial para entender el contraste de ideas en la época de la Reforma. Este elemento es la visión de la historia.

1. La caída de Babilonia

Desde 1520-1521 hasta el final de las guerras de religión (1648) y la derrota de la Revolución Inglesa (1660), alrededor de siglo y medio, los diferentes protagonistas de la Reforma y sus seguidores han vivido y concebido su historia personal como parte de un drama histórico mundial. La reforma religiosa era, al mismo tiempo una opción y una experiencia individual, una tarea de la comunidad y un contrastado proceso colectivo. La misma identidad personal de los militantes, el sentido que cada uno atribuyó a su vida, definiéndose a sí mismo en el marco de esta historia. Y, como ya lo he dicho, la historia contemporánea era vista como el choque de la fuerza humana y sobrehumana.

En los escritos del Nuevo Testamento (que fueron traducidos a las lenguas vernáculas y difundidos entre las masas) se dice en muchos lugares que, antes del regreso de Cristo a la tierra, los falsos profetas engañarían a la humanidad. El capítulo 13 del Apocalipsis describe las "dos bestias": la "bestia que sale del mar" tiene 10 cuernos y siete cabezas coronadas. Esta figura representa la potencia político-mundana (en particular, el Imperio Romano). La segunda bestia "sale de la tierra", hace prodigios, "da un espíritu" a la primera bestia y convence a los seres humanos de adorarla. En los capítulos 18 y 19 del mismo libro se anuncian tanto la caída de Babilonia (la gran ciudad que oprime al pueblo de Dios) como la derrota de la bestia coronada y del falso profeta.

En su segunda carta a los Tesalonicenses, el apóstol Pablo había descrito el personaje del Anticristo: "[...] El hombre de pecado, el hijo de perdición, el adversario, uno que se levanta contra todo lo que se llama Dios o es objeto de culto; hasta el punto de que se sienta en el templo de Dios, proclamándose Dios (II Tes. 2:3-4)". El Anticristo era, por tanto, una figura sacerdotal, que toma el puesto de Dios y de Cristo. Los disidentes religiosos de la Edad Media (los valdenses en el siglo XIII, los lolardos ingleses, discípulos de Wycliffe en el siglo XIV, los husitas de Bohemia en el siglo XV), habían identificado al Anticristo con el Papa. Lutero, ya en el tratado *Del papado romano*, había avanzado la idea de que, si el Papa no se hubiera sometido a las enseñanzas de las Sagradas Escrituras, habría sido considerado anticristiano. En las semanas críticas que precedieron a la Dieta de Worms, Lutero se convenció de que los herejes de la Edad Media tenían razón: que el Anticristo ya se había instalado en el gobierno de la iglesia. Fue una conclusión sorprendente. En un escrito contra el fraile Ambrogio Catarino, Lutero explicó la oscura profecía del judío Daniel, contenida en el Antiguo Testamento, que habla de un rey poderoso y "experto en trucos", que "hará prosperar el fraude en sus manos". Este rey representa al Anticristo y su acción se corresponde con la de la corte romana del Papa: "Voy a ser condenado por sus satélites" —escribe Lutero— y por ello es llamado valdense y wicleffita.

Este grabado de Lucas Cranach, el Viejo, realizado para la traducción de Lutero del Nuevo Testamento (1522), expresa el sentimiento de la Reforma: a la cabeza de la iglesia se estableció el Anticristo, y el juicio de Dios que vendrá para separar a los justos de los pecadores.

Las imágenes de la lucha apocalíptica entre Dios y Satanás han marcado mucho la visión de la historia de la humanidad de los siglos XVI y XVII. En 1525, Lutero entró en controversia con el humanista Erasmo de Rotterdam, quien deploraba las divisiones y los conflictos religiosos: "Veo bien, Erasmo mío, que en casi todos tus libros te lamentas por la discordia; y que la hermosa paz y la unidad de antes ya nunca más lo será". Pero Lutero piensa que la discordia es inevitable: "El mundo con su dios tampoco quiere soportar la palabra de Dios. Ni quiere al verdadero Dios y busca callarlo. Si, por lo tanto, Dios lucha contra Satanás y todo su partido, ¿cómo es posible que no exista la discordia en el mundo? Entonces, quien quiere sembrar la discordia debe quitar y prohibir la Palabra de Dios. De hecho, cuando la Palabra de Dios, cada vez que se predica, es que se quiere cambiar y renovar el mundo".

Pero el conflicto de la Reforma no ha sido interpretado solo sobre la base de las profecías de Daniel y de Apocalipsis. Ya en 1520 Lutero había utilizado la imagen de la "cautividad babilónica" de la iglesia. El episodio del exilio del pueblo de Israel, por lo tanto, fue otra de las claves de lectura de la historia contemporánea. El exilio fue una realidad histórica, cuando, de 586 a 538 a.C., los dirigentes judíos y los ciudadanos más ricos habían sido deportados a Babilonia por el rey Nabucodonosor II. Por lo tanto, en la tradición judía, y más tarde en el cristianismo, si se hablaba de Babilonia, era en forma simbólica, para indicar la "prisión" del pueblo y la necesidad de su redención. Los grandes profetas judíos del siglo VI a. C., no habían anunciado solamente el fin de Babilonia y la liberación de los exiliados sino también la reconstrucción de Jerusalén. Los últimos libros históricos del Antiguo Testamento muestran cómo el sacerdote Esdras y el funcionario Nehemías habían reorganizado al pueblo para reconstruir el templo y los muros.

Estas dos visiones de la historia (el combate apocalíptico y la reconstrucción de Jerusalén) son a menudo asociadas a las predicaciones y en los escritos polémicos protestantes. Pero tienen una orientación algo diferente. Las profecías apocalípticas hablan de una convulsión de la historia. La caída de Babilonia y del Anticristo serían seguidas por el "milenio": los "santos" gobernarán con Cristo sobre la tierra. Las profecías del exilio y los relatos bíblicos de la reconstrucción anuncian, en cambio, una era histórica atormentada, llena de pruebas y conflictos, pero no dominado por la idea del fin del mundo.

En la visión histórica del tiempo de la Reforma hay todavía un elemento constante: en la historia contemporánea se cumple un plan divino. Los eventos que se van sucediendo son, por lo tanto, un momento decisivo delante de los que los seres humanos que no pueden permanecer indiferentes: aquí y ahora es el momento de la elección. Pero, ¿cómo debemos interpretar los signos del tiempo? ¿Es inminente la caída de Babilonia y del Anticristo? ¿Está a punto de comenzar el reino de los santos? ¿O los tiempos de Dios son más largos y necesitan al mismo tiempo combatir y reconstruir? ¿Y cuáles son las estrategias de la lucha y la reconstrucción? ¿Por quién y en qué forma debe ser reedificada la comunidad de los fieles? Alrededor de estas preguntas, los hombres de la Reforma se divididieron, en el siglo XVI e incluso en el XVII.

2. La guerra de los campesinos en Alemania

La guerra civil que estalló en Alemania en 1525 no fue simplemente una consecuencia de la revolución religiosa. Las rebeliones campesinas eran frecuentes en Europa a finales de la Edad Media y, en Alemania, en las décadas anteriores a la Reforma. Las condiciones económicas de los agricultores alemanes habían cambiado con el desarrollo de la economía de mercado. Para obtener mayores recursos económicos, los señores feudales trataban de convertir en propiedad privada los bosques y las tierras no cultivadas que, en la Edad Media, eran explotados por las comunidades o usadas por los agricultores para el pastoreo, la leña y la caza. Los señores también tenían interés en reemplazar con pagos en efectivo las diversas formas de servicios y de tarifas en naturaleza gravando así a sus agricultores. Para pagar las regalías y los impuestos, los agricultores, a menudo, tenían que pedir prestado y dependían de los mercaderes y usureros de las ciudades.

Pero, al mismo tiempo, a diferencia de otras regiones europeas, como Italia y Flandes, donde el feudalismo había sido profundamente sacudido en los últimos siglos de la Edad Media, en Alemania aún no se había abolido la servidumbre. Ella ataba a los campesinos a su tierra y a su señor, y funcionaba, por tanto, como un freno para la superación del sistema feudal. Los campesinos alemanes no eran una masa miserable y carente de conciencia política. Por un lado, conservaban la memoria de las antiguas libertades de las tribus germánicas, donde cada adulto de sexo masculino portaba la espada y participaba en la elección de los jefes de los tribunales y jurados. Por otra parte, muchos de ellos habían adquirido habilidades militares, combatiendo como soldados en las guerras del Imperio y de Francia.

En 1524, los campesinos comenzaron a organizarse militarmente y atacaron los monasterios y los castillos de los nobles. Sus reivindicaciones fueron escritas y publicadas, entre otras cosas, en los *Doce artículos de los campesinos* (en Alemania meridional), impreso en Ulm, en febrero de 1525. En parte exigían la restitución de los derechos ancestrales de los pueblos comunes como la caza, pesca, leña y pastoreo. También eran solicitudes de nuevos derechos: abolición de servidumbre, regulación más equitativa de los impuestos, supresión de la pena de muerte.

De manera más general, los campesinos luchaban por un reconocimiento político, adecuado a su importancia numérica y económica. Tenían una palabra que decir y reclamaban una presencia legal en el complicado sistema de gobierno de la Alemania imperial. En esto tenían numerosos aliados entre las clases populares de las ciudades, entre las asociaciones de artesanos y de mineros (las corporaciones), aunque también entre una parte de la baja nobleza, sin dinero y empobrecida. No pocos caballeros empobrecidos comenzaron a dirigir bandas de campesinos y milicias citadinas. Pero era evidente que la agitación de los campesinos se ligaba al movimiento religioso. Las nuevas ideas de la Reforma, elaboradas y difundidas por Lutero y sus partidarios, se vieron reproducidas en la lucha social y política; y se convirtieron en las banderas de la revuelta popular. Estos fueron, de hecho, los tres primeros artículos de los campesinos de Suabia:

1. Una comunidad entera debe tener la facultad de elegir a su pastor y deponerlo.

2. El diezmo [es decir, la tasa que se viene pagando a la Iglesia] debe dividirse entre el párroco y el pueblo pobre; el resto se mantiene para las necesidades del país.

3. Nadie debe ser siervo, porque Cristo nos ha hecho a todos libres.

Los campesinos alemanes, por tanto, habían entendido perfectamente bien la importancia política de la reforma religiosa. En plena coherencia con las ideas de Lutero, propusieron en primer lugar el autogobierno de la comunidad eclesiástica, la libre elección de los párrocos. El control democrático de la iglesia era una reivindicación inmediatamente política, en una sociedad donde la institución religiosa tenía una ubicación central. De hecho, los dos grupos privilegiados de la sociedad medieval, el alto clero y la nobleza feudal, habían luchado durante siglos por poder efectuar el nombramiento de los párrocos ellos mismos. Y en la campaña rural de Alemania los nobles habían impuesto su patronato sobre casi todas las parroquias que formaban parte de sus territorios.

Freiheit, la "libertad": este es el lema escrito en la bandera del rebelde campesino (grabado de Thomas Murner, 1522); y este es el contenido de la revolución que estalló en 1525 en el campo alemán, contra los privilegios tradicionales del feudalismo y contra el poder de la iglesia.

El orden de la iglesia también era una cuestión económica y fiscal. La oportunidad para las comunidades de gobernarse de una manera autónoma dependía del control de los impuestos eclesiásticos, reivindicados en el segundo artículo. Esta petición fue aún más revolucionaria que la primera. De hecho, los diezmos no servían solo para mantener a los párrocos, sino que también garantizaban la supervivencia de todo el enorme aparato jerárquico de la iglesia: desde las cortes de los obispos hasta la del Papa. Si los diezmos debían ser, según fuese necesario, "divididos entre el párroco y los pobres", luego se minaba la base del poder superior de la institución eclesiástica. Pero, en el sistema del "patronato", los impuestos eclesiásticos eran únicamente considerados y administrados por los señores feudales. El segundo artículo golpea, al mismo tiempo, tanto al alto clero y como a la nobleza. El tercer artículo no necesita explicación. La libertad cristiana, proclamada por Lutero, no es compatible con el estatuto jurídico del siervo.

Lutero, sin embargo, tenía una idea muy diferente de la libertad cristiana. La repite claramente en el escrito sobre la *Exhortación a la paz, los doce artículos de los campesinos de Suabia*, impreso en mayo de 1525. Para comprender la reacción de Lutero frente a la revuelta campesina, debemos tener presente tanto la concepción personal de la vida cristiana, ya fuese en la posición pública en la que él se encontraba o como dirigente de la Reforma.

Los campesinos arengaban al pueblo endosando las ideas de Lutero
sobre la libertad del cristiano.

Desde 1517 Lutero había comenzado a luchar contra la "mundanidad" de la iglesia. En la disputa sobre las indulgencias y las controversias cada vez más duras que siguieron, Lutero se fue acercando cada vez más a las ideas de los disidentes medievales (los valdenses y otros herejes) así como de los reformadores bohemios del siglo precedente: la gran desviación de la cristiandad consistía en el hecho de que el gobierno de la glesia se había convertido en el dominador de este mundo. Lutero sostenía que era necesario suprimir la confusión de los "dos reinos", el espiritual y el mundano. Así que, cuando los campesinos alemanes afirmaban que "nadie debe ser siervo, porque Cristo ha hecho libres a todos", Lutero temía que se cancelara nuevamente la distinción entre el "hombre interior" y el "hombre exterior", entre la glesia y el Estado, que se elaboró en la lucha por la Reforma. A propósito de este tercer y decisivo artículo, Lutero pregunta:

> ¿Qué significa esto? Significa hacer carnal la libertad cristiana. ¿Tal vez que Abraham y los otros patriarcas y los profetas no eran siervos? Lea lo que San Pablo enseña sobre los siervos, que entonces seran todos siervos [...]. En este artículo quiere hacer a todos los hombres iguales, y del reino espiritual de Cristo hacer uno temporal y uno eterno, lo que es imposible: un reino temporal no puede existir con la desigualdad de las personas, para las cuales algunos son libres y otros son prisioneros, algunos señores y otros servidores.

En este primer ensayo sobre la guerra de los campesinos, Lutero intenta conciliar las dos partes. Reconoce la grave injusticia a la que el pueblo está sometido y amonesta duramente tanto a los caballeros como a los campesinos rebeldes. Pero no puede aceptar, en primer lugar, que las reivindicaciones de los campesinos sean justificadas sobre la base del Evangelio. En segundo lugar, los que sostienen la lucha armada, con la insurrección contra el poder público (los señores y príncipes), deben saber que esos poderes han sido establecidos por Dios como "un remedio contra la iniquidad".

He aquí, pues, los argumentos de Lutero. La ley cristiana no es (del mismo tipo) como la que gobierna el mundo: "El derecho cristiano no es para combatir la injusticia, no impugnar la espada, no defenderse y no vengarse, sino para dar el cuerpo y los bienes, para que aquellos que quieran puedan robarnos; estamos muy contentos con nuestro Señor que no nos abandonará, como lo prometió". Lutero, por su parte, está seguro de haber actuado sobre la base de estos principios: "Nunca he impugnado una espada, ni he deseado la venganza, jamás me he puesto del lado de las facciones o la sedición, pero cooperaré siempre con el mantenimiento de la autoridad temporal en su poder y en su consideración, incluso a la que me perseguía y a mi Evangelio, por cuanto estaba dentro de mí".

A la izquierda, el título del escrito de Lutero: *Contra las bandas de malvados y viles de campesinos*. A la derecha, la rebelión de los campesinos en Alemania a principios del siglo XVI. (Grabado de Mastro Petrarca, 1519-1520).

Por lo tanto:

Por esto vuelvo a decir: por mi parte, vuestra causa sea todo lo buena y justa que pueda; pero como queréis defenderla vosotros mismos, y no tolerar violencia ni injusticia, haced y dejad de hacer lo que Dios consienta. Pero el nombre cristiano, digo, el nombre cristiano, éste dejadlo aparte y no abuséis de él para encubrir vuestro intento que de paciente, pacífico y cristiano no tiene nada. [...] Así que vuestro título y nombre ha de ser éste: que vosotros sois los hombres que vais a la lucha por no querer tolerar injusticia y males, y para no tener que tolerarlos; y esto impulsados por vuestro sentir natural. Este nombre llevaréis, y el nombre de Cristo lo dejaréis en paz; pues esta es también vuestra obra, y así procedéis. Mas si no queréis llevar este nombre, sino retener el nombre cristiano, bien: entonces yo tengo que entender el asunto como dirigido contra mí, y a vosotros os debo considerar y tener como adversarios que quieren sofocar u obstaculizar mi evangelio, más aún de lo que el papa y el emperador lo han hecho hasta el momento, por cuanto bajo el nombre del evangelio actuáis en contra del evangelio.

Esta última frase revela la principal preocupación de Lutero. En un momento en el que el resultado de la Reforma todavía era bastante incierto, y que la "reconstrucción de las paredes de Jerusalén" acababa de comenzar, era probable que la guerra civil abrumase a todo y a todos. Mientras tanto, los opositores de Lutero lo denunciaron como el agitador irresponsable que había abierto el camino de la inundación revolucionaria. En realidad, el intento de pacificación de Lutero es, desde el principio, decididamente desequilibrado en favor de los príncipes y los señores. En los meses siguientes, frente al extendimiento del levantamiento y en el rostro de la predicación subversiva de Thomas Müntzer y otros religiosos que se unieron a los campesinos, Lutero al final invita a los príncipes a la más despiadada represión, en un escrito contra los impíos y las malvadas bandas de campesinos: "Así, las autoridades procedan de buen ánimo y golpeen con buena conciencia hasta que les quede un hilo de la vida".

3. Thomas Müntzer, profeta armado

Thomas Müntzer, el reformador que, en la guerra de los campesinos, hizo una elección opuesta a la de Lutero, no tenía manera de escribir obras tan numerosas y bien argumentadas como las de su oponente. En los pocos años de su actividad, Müntzer (quien nació en 1489) pareció estar dominado por la urgencia de la Reforma. Se alejó de Lutero porque pensó que había llegado a un compromiso con la Iglesia de Roma y sus príncipes. Bien pronto participó en la lucha política. En 1524 apareció en la revolución popular de Mühlhausen, Turingia. Al año siguiente se convirtió en uno de los principales organizadores del movimiento insurreccional y buscó establecer vínculos entre los diversos grupos armados de campesinos y las ciudades democráticas. Pero Müntzer no era un dirigente similar al de las revoluciones de los siglos posteriores, desde el XVII hasta el XX. Ante todo, era un predicador.

Thomas Müntzer se apartó de Lutero después de ser su seguidor, cuando se dio cuenta de que el jefe de la Reforma ya había decidido un compromiso con las clases nobles. (Retrato de Christoph van Sichem).

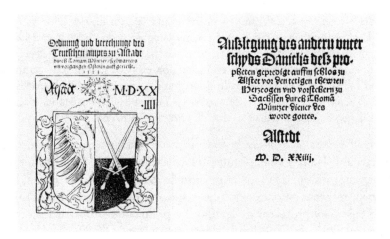

Las portadas de dos obras de Müntzer: a la izquierda, un texto litúrgico (1523) y, a la derecha, el *Sermón a los príncipes* (1524).

En los libros del Antiguo y Nuevo Testamento se anuncia que Dios volcaría a las jerarquías y a los órdenes humanos. Uno de los escritos más importantes de Müntzer (titulado *Explícito despojo de la falsa fe del mundo infiel*, publicado en 1524) es la explicación del primer capítulo del Evangelio de Lucas. Después de que se ha predicho que se convertirá en la madre de Cristo, María glorifica la acción de Dios, con las palabras de los antiguos profetas de Israel: "Él hace proezas con su brazo, dispersa los soberbios en el pensamiento de sus corazones, derriba a los potentados de sus tronos y exalta a los humildes, que suple a los hambrientos con cosas buenas y envia a los ricos" (Lc 1:51-53). Y aquí está el comentario: "Oh, amados hermanos, ¿lo que nos recuerda este Evangelio no es que la fe, a cada principio, nos exige cosas imposibles, cual realización los débiles no pueden ni siquiera imaginar?".

Pero el "mundo insensato y loco" indica en vez otro camino, el del compromiso:

> Usted puede predicar el evangelio, temer solo a Dios, pero también debe honrar a los gobernantes poco razonables, aunque se oponen a toda equidad y no acogen la palabra de Dios. Más bien, por el amor de Dios, es necesario obedecer en absoluto a los señores feudales benignos. Eh, ¡bienvenido el defensor de los malvados! ¿Cómo las cosas van a ir bien si usted dá una ayuda tan encomiable a dos amos opuestos, como hacen los asesores de los gobernantes?

La vía del Evangelio parte en vez del "inmenso sufrimiento del corazón", de la demolición de la falsa fe, del desprecio de uno mismo:

> Mientras que los impíos se creen grandes y se vuelven soberbios, el elegido es consternado. Entonces puede exaltar y glorificar a Dios y, después de las tribulaciones del corazón, consolarse de todo corazón con Dios, su salvador. Entonces, el potente debe dar paso a los débiles y avergonzarse ante él. ¡Cómo beneficia eso a los pobres y los marginados campesinos lo saben! Dios ha despreciado a los grandes notables como Herodes, Caifás, Anás y ha acogido a su servicio a los débiles como María, Zacarías y Elizabeth. Porque ésta es la obra de Dios y no otra cosa.

El *Explícito despojo de la falsa fe* ya es casi una proclamación de la insurrección. Unas semanas antes (el 13 de julio 1524) Müntzer tuvo el valor extraordinario de predicar delante de los príncipes de Sajonia, Juan y Federico, respectivamente hermano y sobrino de Federico, el Sabio, elector de Sajonia y protector de Lutero. La prédica de Müntzer fue la explicación del segundo capítulo del libro del profeta Daniel, donde se narra el sueño del rey de Babilonia, Nabucodonosor, y la interpretación de Daniel. El rey vio en un sueño una estatua gigante, construida con diversos materiales, que se destruye como una piedra cortada de la montaña. Daniel explicó que las partes de la estatua representan a los imperios sucesivos y le dijo al rey: "La cabeza de Dios eres tú. Después de ti se levantará otro reino [...]. "[Al final] el Dios del cielo levantará un reino que no será jamás destruido [...]. [Que] romperá y destruirá a todos estos reinos, pero él permanecerá para siempre (Daniel 2:38-39, 44).

Con el último capítulo del Apocalipsis, esta profecía de Daniel es uno de los textos fundamentales alrededor de los cuales, en los tiempos antiguos y medievales, se construyó la visión cristiana de la historia del mundo. Müntzer afirma que "este texto de Daniel es tan claro como el sol brillante", y que la profecía se está realizando:

> Así que los gobernantes queridos y amados, aprended justamente de la boca de Dios vuestro juicio y no sean seducidos o retenidos [...] por sus hipócritas sacerdotes. Porque la piedra cortada, no con manos se vuelve grande. Laico y campesino lo reconocen mucho más agudamente que ustedes [...] Por lo tanto, amados gobernantes de Sajonia, los pobres júntense con valentía la piedra angular, como lo hizo San Pedro [...]. Porque Dios está más cerca de lo que pensáis.

 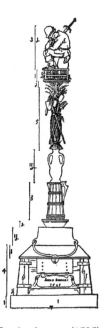

La ejecución de campesinos rebeldes después de la batalla de Frankenhausen (1525). A la derecha, el proyecto de un monumento por la victoria de la insurrección diseñado por Alberto Durero. Con mordaz ironía, en la parte superior de la columna, ha sido puesto un campesino traspasado por la espada.

Entre 1520 y 1525, en plena revolución religiosa, el príncipe de Sajonia estaba seguramente preocupado por muchas dudas e incertidumbres. Había desafiado al Papa y al emperador y se había abstenido cuidadosamente de seguir la condena de Martín Lutero. No se negó a escuchar el sermón de Müntzer, a quien Lutero consideraba ya un sedicioso. Pero él no recibió sus llamados. Le prohibió predicar y cerró la imprenta en la que se publicaron sus escritos. Müntzer llegó a la conclusión de que los príncipes de Sajonia no podían tener un lugar en las filas de los elegidos. Estaba convencido de que la caída de los reinos de este mundo estaba a punto de comenzar y que había llegado el momento de dividir a los santos de los impíos.

Y aquí está la ruptura definitiva entre Lutero y Müntzer. Como ya hemos visto, incluso la visión de la historia de Lutero se vio influida por los libros de Daniel y Apocalipsis. Pero, a diferencia de Müntzer, Lutero todavía no pensaba en poder determinar con precisión el momento de la caída de Babilonia y el comienzo del "milenio". Y, sobre todo, pensaba que no era permisible ni posible para el ser humano reconocer claramente quiénes son los elegidos de Dios y quiénes los repróbos —los que son dignos de su castigo—; quiénes son los santos y quiénes los impíos. Así, Lutero se negó a recibir de las profecías bíblicas una línea de conducta, una estrategia aplicable a la historia contemporánea. Para Müntzer, ésta es la prueba del compromiso de Lutero, que termina por favorecer a los malvados. En el ya citado documento *Explícito despojo de la falsa fe*, Müntzer escribe: "El mundo —y con él sus heces, los inexpertos doctores— creen que es algo completamente imposible que los humildes se enaltezcan y sean separados del mal. [...] Dicen con insolencia que Dios no revela a nadie sus juicios [...] Así es dignísima banda: nadie puede saber quién es el elegido y quién está condenado. De hecho, tienen una fe tan fuerte, tan sólida y fiable, que no tienen otro objetivo que justificar a los malos".

Menos de un año después del sermón a los príncipes de Sajonia, el 15 de mayo de 1525, un ejército de 8 mil campesinos fue aniquilado por los príncipes y sus jinetes en Frankenhausen, Turingia. Müntzer, que había participado en la batalla, fue tomado prisionero, procesado, torturado y decapitado. Por varios meses continuó la masacre de los rebeldes. Lutero hizo polvo a los perdedores. Recogió cuatro cartas de Müntzer y las publicó bajo el título: *Una historia terrible y un juicio de Dios sobre Thomas Müntzer, al que Dios desenmascara claramente y condena el espíritu*. Y comenta: "Si realmente Dios le había hablado a través de estas cosas, no hubiera sucedido (todo eso). Porque Dios no miente, sino que hace honor a su palabra; pero ahora que Thomas Müntzer ha perdido, es manifesto que, bajo el nombre de Dios ha hablado y ha actuado en vez del nombre del demonio". Por lo tanto, Dios está del lado de los ganadores: ésa es la desconcertante y trágica conclusión del teólogo que siempre había reclamado que Dios se revela en la derrota de la cruz de Cristo y no en el poder de los reinos terrenales.

Lutero no podía ciertamente responder que, a diferencia de Cristo, Müntzer fue un profeta armado, y quien "por la espada se mueve, por la espada muere". Pero, oponiéndose a esta duda —la espada legítima del príncipe contra la ilegítima de los campesinos—, Lutero había tomado una decisión sin retorno. Ella marcaría el destino religioso y político de Alemania. Para salvar a la Reforma de la anarquía, Lutero colocó, de hecho, la "reconstrucción de las murallas de Jerusalén" enteramente en manos de la nobleza alemana y de los príncipes. Incluso antes de la masacre en Frankenhausen, en la *Exhortación a la paz, sobre los doce artículos de los campesinos de Suabia*, Lutero había corregido en gran medida sus propias ideas sobre el autogobierno eclesiástico. Dos años antes, en 1523, respondiendo a una pregunta de los ciudadanos de Leisnig, escribió:

> Según la Escritura, una asamblea o comunidad cristiana tiene el derecho y la facultad de juzgar toda la doctrina y de llamar, sentar y destituir a los doctores [...] En la sentencia de la doctrina, en el ajuste y en la destitución de los doctores y pastores, no debe basarse sobre la ley y el derecho humano de las antiguas costumbres, habitudes, etcétera, ellas vengan del papa o del emperador, del príncipe o del obispo [...]. Si San Pablo, en caso de necesidad, otorga a cada cristiano el derecho de enseñar entre los cristianos, presentándolos sin ser llamados [...] aún más regular es que una comunidad entera llame a alguien a este ministerio, si es necesario, como lo es siempre y ahora de una manera especial.

Pero ahora veamos la respuesta de Lutero a los dos primeros artículos de los campesinos de Suabia, en la primavera de 1525:

> En relación con el primer artículo: "Toda una entera comunidad debe tener el derecho de elegir al pastor y deponerlo". Este artículo está bien, siempre y cuando se realice de manera cristiana [...]. Ahora bien, si los bienes del párroco provienen de la autoridad, y no de la comunidad, ésta no puede asignarlos a la persona que ha elegido, porque habría robo y fraude. Si vuelve a haber otro párroco, y comienza humildemente a pedir a la autoridad, si ésta no está de acuerdo, entonces la comunidad va a elegir a uno de los suyos acorde con sus activos propios, sin tocar los de la autoridad [...].

> En cuanto al segundo artículo: "Los diezmos deben ser divididos entre el párroco y los pobres, etcétera". Este artículo es una verdadera y propia rapiña y un robo público, porque con ella quieren tener para sí mismos los diezmos que no les pertenecen [a ellos] sino al Señor y [querrán] hacer con

ellos lo que quieran. No es así, queridos amigos: esto significa destronar en todo, y por todo, a la autoridad.

De esta manera, sin excluir la posibilidad de libre elección de los pastores en las comunidades ricas en recursos financieros, Lutero vino a confirmar el patronato señorial sobre las parroquias rurales. Después de la revuelta de los campesinos, los príncipes luteranos asumieron rápidamente el control de la organización eclesiástica y volvieron a establecer, de una manera más racional, sus poderes patronales de nombramiento. Los pastores, obispos y doctores de la iglesia luterana estaban sin duda mucho más preparados y comprometidos en la tarea de la predicación y de la educación religiosa de la gente de lo que estaban los párrocos alemanes antes de la Reforma. Pero ahora se habían convertido en funcionarios del Estado patriarcal y, a menudo reaccionario, quienes mantuvieron en vida por otros tres siglos, en Alemania, las instituciones tradicionales de la sociedad señorial.

4. La tragedia del anabautismo

En septiembre de 1524, unos meses antes de la batalla de Frankenhausen, un grupo de jóvenes intelectuales, comprometidos en la lucha por la reforma religiosa en la ciudad suiza de Zúrich, escribieron una carta a Thomas Müntzer. Entre los firmantes de la carta estaban Konrad Grebel y Felix Manz. Eran hijos de las familias de alto rango, y habían hecho serios estudios humanísticos; a partir de 1520, fueron algunos de los más cercanos colaboradores de Ulrich Zwinglio, promotor y líder de la reforma en Zúrich. La carta nunca fue contestada e, incluso, tal vez nunca llegó a las manos de Müntzer. Pero tiene una gran importancia histórica. Grebel, Manz y sus amigos fueron, de hecho, los iniciadores del movimiento bautista, el ala disidente y radical de la Reforma Protestante.

Los "bautistas" afirmaron que la vida cristiana consistía en ser discípulos e imitadores de Jesús, poniendo en práctica las enseñanzas del Sermón de la Montaña. En algunos textos evangélicos (Mateo 5-7, Lucas 6), Jesús toma una postura de confrontación contra las tradiciones y las leyes del pasado ("Habéis oído que se dijo a los antiguos [...] pero yo os digo [...] "). Pronuncia igualmente las "Bienaventuranzas" ("Bienaventurados son los pobres [...] Pero ¡ay de ustedes los ricos...", etcétera) y pone en cuestión todas las formas de violencia. Según los "bautistas", la verdadera iglesia es, por tanto, la comunidad de los creyentes convencidos y moralmente comprometidos. No se forma parte de esta comunidad únicamente por el nacimiento o por medio del bautismo de los niños, sino más tarde, por la conversión personal y por medio de una decisión libre. Practicaban el bautismo de los adultos y, en el siglo XVI, fueron llamados "anabautistas" (rebautizados). Fueron sometidos a una persecución atroz por parte de todas las autoridades políticas, tanto protestantes como católicas. Felix Manz, condenado a muerte y ahogado en el lago de Zúrich, a la edad de 29 años, el 5 de enero de 1527, fue el primero de un interminable número de mártires. Pero muchas de las ideas de los anabautistas fueron retomadas en el siglo siguiente por el grupo "sectario" del protestantismo (y, en particular por los "independientes" y los bautistas ingleses), que lucharon por la separación entre la Iglesia y el Estado, y en favor de la libertad religiosa.

Un predicador anabautista. El grabado es de la Biblia de Lutero (1534).

Ulrich Zwinglio, promotor y líder de la Reforma en Zúrich.
A pesar de que tenía algunas ideas en común con los anabautistas, Zwinglio
se opuso firmemente a ellos en el plano doctrinal y político, sosteniendo un proceso
de reforma más moderado (Retrato de Hans Asper, 1549).

Hay que recordar que, en el siglo XVI, la libertad religiosa fue defendida no solo por los anabautistas, sino también por algunos intelectuales seguidores de las ideas de Erasmo de Rotterdam y en particular de los reformadores italianos. Recordemos a Celio Secondo Curione (1503-1569), Giacomo Aconcio (muerto alrededor de 1567), Lelio Sozzini (1525-1562) y su sobrino Fausto Sozzini (1539-1604), quienes, obligados a exiliarse, dieron esta importante contribución al movimiento protestante. Pero, ¿en qué consiste, entonces, el conflicto que enfrentó a los anabautistas con los líderes de la Reforma en Suiza y Alemania?

Lutero y Zwinglio, y más tarde Calvino, mantuvieron la idea medieval de la unidad del cuerpo cristiano. La Iglesia y el Estado tenían diferentes órdenes y gobiernos diversos; pero en su visión todos los ciudadanos debían ser parte de la comunidad eclesiástica. El bautismo infantil era un signo de esta pertenencia y de la continuidad histórica de la "gente de Dios". Dice Ugo Gastaldi, autor de la fundamental *Historia del anabautismo*: "Con el bautismo, el niño fue acogido no solo en la Iglesia, sino en la sociedad civil; y el registro parroquial del nacimiento también era el registro del nacimiento y de la muerte de la población. El bautismo en toda la Europa cristiana de la época era, en aquellos tiempos, un sacramento y un acto civil, obligatorio para la Iglesia y para la sociedad en su conjunto".

Lutero y Zwinglio no pensaban que la iglesia cristiana debía ser *refundada*, sino solo *reformada*. Dado que el actual gobierno estaba desviado y la autoridad eclesiástica no participaba en la reforma, ésta se volvió tarea de los laicos. La Reforma, sin embargo, no iba a tener lugar por iniciativa individual y por la libre asociación de los creyentes, sino en forma pública y con procedimientos legales. Ulrich Zwinglio era sacerdote y humanista. Mucho más que Lutero, estaba interesado en la vida de la ciudad y la reforma no solo religiosa, sino también en la vida moral y política de la sociedad cristiana. Predicó públicamente no solo contra los males de la iglesia sino también contra el militar mercenario, convertido en una forma de empleo estable para los ciudadanos pobres de las montañas suizas. Afirmaba que el servicio mercenario era contrario a la dignidad del hombre cristiano y de este modo se opuso con gran coraje a la aristocracia guerrera suiza, que organizaba y dirigía las milicias consiguiendo grandes beneficios. Zwinglio tenía el apoyo de la mayoría de la población productiva de la ciudad liberada de Zúrich. Su acción reformadora, iniciada en 1519, fue sostenida en particular por las asociaciones de oficios más abiertas a las nuevas técnicas y a los cambios culturales, como los tipógrafos y los impresores.

En Zúrich, la Reforma fue realizada a través de una serie de disputas públicas, en las que se confrontaron distintas posturas. Después de estos debates, el Consejo municipal tomó su decisión, que tenía entonces la fuerza de la ley en toda la ciudad. Pero el Consejo estaba dividido internamente y la reforma religiosa fue adoptada solamente de una manera gradual. Por ejemplo, en la disputa pública de octubre de 1523 se reconoció que, sobre la base de la Santa Escritura, la misa no podía ser considerada como la repetición del sacrificio de Cristo. El Consejo comunal, sin embargo, decidió posponer la reforma del culto, que se hizo dos años más tarde.

En estas circunstancias, algunos de los colaboradores de Zwinglio comenzaron a hacer una pregunta de gran importancia: si la autoridad política es incierta, ¿la obra de la Reforma, por lo tanto, debe ser más lenta o se detiene? ¿El gobernante tendrá, quizás, una autoridad superior a la de la Palabra de Dios? Zwinglio quería que la reforma de la iglesia fuera un acto público y que implicase a toda la ciudad. En ese entonces estaba dispuesto a dar tiempo para las decisiones del Consejo comunal. Grebel y Manz posteriormente se separaron de Zwinglio. Habían llegado a la convicción de que una iglesia reformada por las autoridades de la ciudad no podía ser una verdadera iglesia. Era necesario disolver completamente los lazos entre la religión y la política, y restaurar la comunidad cristiana de los orígenes, que no había sido una institución del Estado.

En carta a Thomas Müntzer, escribieron: "Es mucho mejor que algunos pocos sean rectamente instruidos por la Palabra de Dios, creyendo y caminando directamente en las virtudes y en las prácticas, en lugar de que muchos crean falsa y engañosamente mediante una doctrina adulterada". Los disidentes de Zúrich escribieron a Müntzer porque él había acusado públicamente a Lutero de compromiso con las autoridades políticas. Al mismo tiempo rechazaban abiertamente la idea apocalíptica de un "reino de los santos" y, como Lutero, rechazaron el uso de la violencia:

> El Evangelio y sus adeptos no deben ser protegidos con la espada, o tienen que protegerse a sí mismos; la que, como aprendemos [...] es tu opinión y tu práctica. Los verdaderos creyentes son ovejas en medio de lobos, ovejas de masacre, ellos tienen que ser bautizados en la angustia, aflicción, tribulación, persecución, sufrimiento y muerte; es necesario que sean juzgados con fuego, y deben llegar a la patria del descanso eterno no matando a sus enemigos materiales, sino mortificando a sus enemigos espirituales. Tampoco habrán de utilizar la espada o la guerra mundana, porque cada matanza ha terminado para ellos; a menos que, de hecho, no querramos todavía pertenecer a la antigua ley.

La ruptura definitiva se produjo en los meses siguientes en Zúrich sobre la cuestión del bautismo de adultos, sostenida por los disidentes que se opusieron a Zwinglio. De nuevo hubo debates públicos en los que prevalecieron las ideas del reformador. En enero de 1525, el Consejo municipal decretó como obligatorio el bautismo de los niños ocho días después de su nacimiento y prohibió las reuniones de los disidentes, quienes no se sometieron y comenzaron a predicar en las zonas rurales, consiguiendo numerosos adhesiones. El conflicto se volvió cada vez más áspero. Los disidentes comenzaron a practicar el "re-bautismo" de los adultos y organizaron una comunidad totalmente separada. En 1526, el Consejo de Zúrich estableció la pena de muerte por ahogamiento contra los "re-bautizados", considerándolos rebeldes y anarquistas. La persecución y el castigo que adoptaron nos parecen, ahora, totalmente desproporcionados y difícilmente comprensibles. En realidad, los anabautistas no tenían, en absoluto, una posición política revolucionaria, lo que también ya habían aclarado en la carta a Müntzer. Las consecuencias del pensamiento y de la práctica anabautistas eran, sin embargo, considerables. En primer lugar, la negativa del bautismo de infantes, como observa Ugo Gastaldi, puso fin no solo a la "Iglesia de todos" sino también a "la iglesia de Estado". Esta iglesia "era parte integrante de las estructuras sociales, políticas y culturales de un país y compartía con las clases dominantes la responsabilidad del poder".

En segundo lugar, el rechazo de la violencia condujo a los anabautistas a afirmar que un verdadero cristiano no puede ocupar cargos públicos. El magistrado, de hecho, "lleva la espada" y todos los Estados usan la fuerza, aunque sea legal. Por lo tanto, los anabautistas proponían un programa de vida cristiana muy similar al de los monjes de la Edad Media, pero este modelo de vida no debía ser aplicado en el aislamiento, dentro del convento. ¿Cómo era posible una vida, al mismo tiempo, evangélica y secular, sin alguna forma de organización política? En realidad, a los anabautistas no se les dio la oportunidad para reflexionar sobre este difícil problema. Les impusieron una sola opción: renegar de sus creencias evangélicas o morir. Eligieron, por lo tanto, el camino de la predicación clandestina, el exilio y el martirio.

Derrotados en Zúrich, los anabautistas se esparcieron en Alemania. En 1525, la lucha política de los campesinos alemanes fue ahogada en sangre, pero no fueron resueltas sus causas. Así que la protesta no política y no violenta de los anabautistas se propagó, en los años siguientes, en todos los territorios del imperio alemán y especialmente entre las clases sociales excluidas del poder. Ante el éxito de la propaganda de los "sectarios", los católicos y los luteranos alemanes finalmente se pusieron de acuerdo en relación con la represión. En 1529, la Dieta Imperial de Spira (a la que asistieron también los príncipes y las ciudades que se habían unido a la Reforma luterana) decretaron la pena de muerte contra los anabautistas.

Como hemos visto, Lutero pensó que las autoridades debían golpear con la espada a los rebeldes y sediciosos. Pero se opuso al uso de la fuerza en los asuntos religiosos. Hasta 1528 fue contrario a la condena a muerte de los anabautistas, que eran claramente pacifistas y, por lo tanto, no podían ser considerados rebeldes. En los años sucesivos, sin embargo, Lutero se dejó convencer por su más cercano colaborador, Felipe Melanchton (1497-1560), de que los anabautistas eran públicamente blasfematorios y, en consecuencia, que debían ser condenados sin piedad desde los tribunales civiles. El erudito humanista y teólogo Melanchton fue uno de los más ardientes promotores de la masacre de los anabautistas.

En la ciudad de Münster, en la frontera con los Países Bajos, los anabautistas lograron conquistar el poder y expulsar tanto a los católicos como a los luteranos. Jan de Leyden (izquierda) fue el líder de la revolución, sin embargo, destinada a terminar trágicamente. Münster fue sitiada (en página opuesta un grabado en madera de Erhard Schoen, 1535, detalle) y los rebeldes fueron ejecutados. Melanchton (derecha), un fiel colaborador de Lutero, fue también uno de los opositores más despiadados de la doctrina anabautista.

Después de varios años de persecución, en 1534, algunos grupos anabautistas en Holanda y el norte de Alemania acogieron la visión del combate apocalíptico entre los elegidos y los réprobos. Por lo tanto, se alejaron de la doctrina originaria y pacifista del movimiento disidente. Tomaron parte en la lucha política y religiosa que se había abierto en la ciudad alemana de Münster, no lejos de la frontera con Holanda, y lograron tomar el poder. Católicos y luteranos fueron entonces expulsados por la fuerza y se estableció una comunidad de bienes. El príncipe-obispo que gobernaba el territorio de Münster se trasladó desde el ataque de los rebeldes. En una ciudad sitiada y condenada al exterminio lo que iba a ser un "reino de los santos" terminó en un despotismo. Un anabautista holandés, Jan de Leyden (1509-1536), fue proclamado rey de la "Nueva Jerusalén". Él reestableció la poligamia (es decir, la posibilidad de tener más de una mujer), que, de acuerdo con la Biblia, era una práctica de los primeros patriarcas del pueblo hebreo, y gobernó con terror. En 1535 la ciudad fue reconquistada y todos los sobrevivientes pasados por las armas.

El acontecimiento de Münster fue una excepción en la historia de "la iglesia sufriente" anabautista, pero eso reforzó la convicción de los gobernantes y de la iglesia oficial de que los "sectarios" eran un peligro público. La represión se volvió aún más violenta. Algunos grupos anabautistas situados del lado del predicador Jakob Hutter (que murió en la hoguera en Innsbruck en 1536) emigraron a Moravia, en las fronteras orientales del imperio y posteriormente se trasladaron a Rusia. Los seguidores de Hutter viviron durante siglos en el aislamiento, practicando una rigurosa disciplina evangélica y una forma de comunismo.

Menno Simons (1496-1561), un sacerdote holandés converso al anabautismo, reorganizó el movimiento después de la catástrofe de Münster. Restauró la doctrina de la no violencia y transformó el movimiento anabautista en una comunidad regular, que finalmente fue capaz de coexistir con la iglesia reformada. La República de las Provincias Unidas, fundada en 1579 por los holandeses protestantes en lucha contra

España, estableció por primera vez un régimen de tolerancia religiosa y permitió sobrevivir a los seguidores de Simons, los "menonitas".

La sangrienta persecución del anabautismo tuvo algunas excepciones. El príncipe Felipe de Hesse (1504-1567) había sido uno de los primeros apoyos de Lutero y se convirtió en el principal organizador político-militar de la oposición luterana al emperador católico Carlos V. En 1525 no tuvo ninguna duda en conducir sus tropas hasta Frankenhausen en contra de los campesinos insurgentes y en contra de Thomas Müntzer. Pero, en la confrontación contra los anabautistas, asumió una posición completamente diferente de la de otros gobiernos principescos y ciudadanos. Felipe apreciaba el compromiso moral de los disidentes y discutía personalmente con sus predicadores para tratar de traerlos de vuelta al seno de la iglesia luterana. Siempre se negó a aplicar en sus territorios la pena de muerte contra los anabautistas que no tomaban las armas, y se limitó a mandarlos al exilio o a encarcelar a los más recalcitrantes. Supo mantener esta posición moderada, incluso en el momento de la revolución de Münster. En su testamento, escribió: "Nunca hemos matado a un ser humano por el motivo de que no creyese rectamente, y deseamos amonestar a nuestros hijos para que ellos tampoco no lo hagan, porque sentimos que esto está en contra de Dios, como se muestra claramente en el Evangelio".

De Hesse, por tanto, se mantuvo fiel a los principios iniciales de Lutero, incluso cuando el reformador ya los había abandonado. Parece que, en torno a 1540, Lutero se había acercado a las posiciones de este príncipe cristiano, más justo y equilibrado que los teólogos de su tiempo. La tragedia del anabautismo radica en el hecho de que se inició al interior de la reforma de Zúrich, que era seguramente más avanzada y más democrática que la conducida por los príncipes luteranos. Se puede observar que, por esta razón, la reforma de Zúrich también fue expuesta a mayores amenazas y podía más fácilmente tolerar en su interior una disidencia extremista. Pero esta consideración no es suficiente, en absoluto, para justificar la acción de Zwinglio, que no supo o no quiso resolver pacíficamente la rebelión.

Los fundadores del anabautismo habían reprochado a Zwinglio confundir la causa de Dios con la causa de la ciudad terrena. Zwinglio vivió esta confusión hasta el final. Los cantones suizos más conservadores, dominados por la aristocracia militar, eran hostiles a la Reforma y a la predicación de Zwinglio en contra del servicio mercenario. En 1531 hicieron la guerra a Zúrich, con una fuerza abrumadora. Zwinglio perdió terreno y fue asesinado en la batalla de Kappel, junto con 26 miembros del Consejo municipal y 500 ciudadanos de la ciudad.

5. Juan Calvino, el legislador de Ginebra

En la primavera de 1539, el cardenal Jacobo Sadoleto (1477-1547), originario de Módena, obispo de Carpentras, en la Francia meridional, escribió una carta pública "para los magistrados, la Asamblea y los ciudadanos de Ginebra" para convencerlos de volver a la comunión de la Iglesia católica romana: "Me dijeron que algunas personas astutas, enemigas de la unidad y de la paz de los cristianas, han esparcido entre usted y en su ciudad [...] las semillas funestas de la discordia, han desviado a este fiel pueblo de Cristo de los pasos de sus padres y de sus antepasados y que los han alejado de los decretos infalibles de la Iglesia Católica".

Con Juan Calvino (de joven y de viejo), la Reforma estaba estrechamente vinculada a la vida de la ciudad. Calvino fue no solo el teólogo, sino el "legislador" de Ginebra.

Ginebra era una pequeña ciudad de unos 13 mil habitantes. Algunos años antes se había hecho independiente de los obispos que la gobernaron en la Edad Media y, en 1536, se unió a la Reforma. Tenía una potencia económica y política comparable a las ciudades-Estado de Zúrich, Basilea y Berna. Sin embargo, se encontraba en una posición crucial, localizada entre los cantones suizos que se hicieron protestantes y el territorio católico del rey de Francia (así como con el feudo de los duques de Saboya). La Ginebra de habla francesa fue el refugio de los convertidos a la Reforma procedentes de Francia, los llamados "agitadores", tales como Guillermo Farel (1489-1565) y Juan Calvino, quienes promovieron allí la revolución religiosa.

Una vista de la ciudad en un grabado de la época.

Pero en 1538 los dos reformadores se encontraron en desacuerdo con las autoridades civiles de Ginebra y tuvieron que abandonar la ciudad. Sadoleto, aprovechando entonces la oportunidad, aprovechó para cuestionar las decisiones de Ginebra. Además de cardenal, Sadoleto también era discípulo de Erasmo de Rotterdam y formaba parte del grupo más moderado y abierto de la jerarquía romana. Era amigo del cardenal Gaspar Contarini, también erasmiano como él, quien, en torno a 1540, condujo por cuenta del Papa Pablo III una serie de importantes coloquios con los luteranos. Los reformadores suizos solicitaron a Calvino que respondiera a Sadoleto. Después de algunas dudas, lo hizo en septiembre de 1539.

Calvino tenía solo 30 años y ya era considerado como uno de los más prestigiosos intelectuales de la nueva generación, por los méritos de su libro *Institución de religión cristiana*, publicado en 1536. A diferencia de la mayoría de los reformadores suizos alemanes, no era clérigo sino laico. Pertenecía a una familia burguesa del norte de Francia. Había estudiado Derecho en las universidades francesas y también tenía una sólida cultura filosófica y teológica. Después de adherirse a las ideas de Lutero se vio obligado a salir de Francia. Por lo tanto, era también un exiliado y un "hombre sin soberano." Además, como Sadoleto, Calvino fue un humanista. En consecuencia, la disputa entre Sadoleto y Calvino de 1539 era de sumo interés.

En su carta a los ginebrinos, Sadoleto insiste principalmente en tres puntos. En primer lugar, afirma que el mayor interés del hombre es la salvación eterna del alma. "La propia salvación es querida por todos en la proporción al amor que se tiene por sí mismo". La fe no puede, por lo tanto, existir sin las obras: "Cuando decimos que podemos ser salvos solo por medio de la fe en Dios y en Jesucristo, creemos que en esta fe se debe incluir, en primer lugar, el amor, sin duda, como la causa principal y la más importante de nuestra salvación".

En segundo lugar, para los cristianos, no puede haber salvación fuera de la comunidad y de la enseñanza de la iglesia. Sadoleto, quien era un erasmista, no hablaba mucho de los sacramentos, pero ponía el énfasis en la actividad formativa de la iglesia; y en la unidad y la continuidad de su doctrina: "Esta Iglesia nos hizo renacer para Dios en Cristo, ella nos hizo crecer, nos ha fortalecido, nos ha preparado; nos enseñó en qué creer, en qué cosa tener fe, en que reposa nuestra esperanza, por cuales vías se puede ir al cielo". El Espíritu de Cristo ha actuado en su iglesia por mil quinientos años. Así que la tradición debe ser respetada y confirmada.

En tercer lugar, los que rompen la unidad de la iglesia y "suscitan la discordia en la religión cristiana" cometen el error más grave: se trata de un pecado que Dios no puede perdonar. Por lo tanto, los ginebrinos deben rechazar el error, deben regresar "a la comunión con nosotros" y hacer "un fiel homenaje a nuestra Madre Iglesia".

La respuesta de Calvino fue igualmente clara. En primer lugar, el razonamiento de Sadoleto parte del interés del ser humano por la propia salvación eterna. Pero, dice Calvino, "nosotros vivimos en función del Señor, no de nosotros mismos". Por lo tanto, "el cristiano está llamado a participar en algo más trascendente que la sola salvación del alma". En segundo lugar, no se puede aceptar la definición de iglesia que propone Sadoleto, pues habla de la acción del Espíritu Santo en la iglesia, y sobre esta base consagra la tradición. Pero descuida por completo las Sagradas Escrituras, que son el único fundamento válido de la enseñanza cristiana. Apelar al Espíritu sin la Palabra de Dios es peligroso y arbitrario.

Jacobo Sadoleto, el opositor de Calvino (retrato de Bartolomé Cancellierie, siglo XVI).
Al lado, la portada de su *Epístola al Senado y al pueblo de Ginebra*, en el que intentó
traerlos de vuelta a "la obediencia del Romano Pontífice".

En tercer lugar, a la acusación de crear discordia y de romper la unidad de la iglesia, Calvino opuso la denuncia del actual poder eclesiástico, que había alterado el orden de la iglesia:

> La situación es tal que reina en todas partes la dictadura papal, solo podemos encontrar las trazas y los vestigios fragmentarios que revelan la existencia de iglesias semi-enterradas. Este hecho no debe parecer extraño: de la boca de San Pablo nos enteramos de que, de hecho, la sede del Anticristo no puede estar en otro lugar que en el santuario de Dios. Esta advertencia debería ser suficiente por sí sola, para evitar que el engaño y la falsificación se introduzcan de contrabando en nombre de la Iglesia.

Los defensores del Papa afirmaban que no era lícito disminuir la autoridad de los pastores de la iglesia. Incluso Calvino estaba convencido de que, en la Iglesia, debía haber una autoridad. Pero ella es espiritual, debe servir a la edificación de los cristianos, debe estar "carente de cualquier carácter de dominio" y no debe presentarse y estar fuera de la fe. Pero más bien esto fue lo que sucedió. Los pastores y los sabios han expropiado al pueblo cristiano. La palabra de Dios

> en vez de brillar, como una luz, para todo el pueblo, ha sido eliminada; o, por lo menos, ocultada. Y así, nadie se siente en la necesidad de profundizar el conocimiento, se había extendido una doble convicción de que era mejor confiar en el estudio de la filosofía divina y el secreto de unos pocos que luego requieren respuestas y oráculos; y que el pueblo,

del otro lado, no tenía ninguna necesidad de comprender a fondo los problemas, sino una suficiente sumisión obediente de la Iglesia.

En conclusión, la humildad y la obediencia a las que apela Sadoleto son falsas virtudes: "¿Que tienen en común la actitud de un creyente y esta obediencia falsificada que termina sirviendo a los hombres y obedecerle a expensas de la Palabra de Dios?". En 1541, Calvino fue llamado de nuevo a Ginebra y no dejó la ciudad hasta su muerte. En un cuarto de siglo la ciudad cambió de rostro y se convirtió en el centro estratégico de la revolución religiosa en Europa.

Resumamos los principales lineamientos del trabajo de Calvino.

5.1. *"Solo a Dios la gloria"*

Como hemos visto, en la respuesta a Sadoleto, Calvino afirma que la salvación del alma no debe ser la principal preocupación de los creyentes. El lema de la revolución calvinista es de hecho *Soli Deo gloria.* ¿Esto significa que Calvino dio la espalda a la cultura del Renacimiento, que puso al ser humano en el centro del universo? La cuestión no es tan simple. Calvino no creía en absoluto, como los místicos, que siendo humano debía "perderse en Dios". En la *Institución de la religión cristiana,* comienza, como los humanistas, desde el problema del conocimiento de nosotros mismos. Pero observa que no podemos verdaderamente conocernos a nosotros mismos si ignoramos nuestra relación con Dios. El verdadero conocimiento de nosotros mismos, por lo tanto, tiene dos partes. Por un lado, venimos a conocer nuestro alejamiento de Dios y la pérdida de nuestra dignidad como criaturas hechas a la imagen de Dios. Por otra parte, llegamos a conocer, en la Escritura, la acción de Dios, que nos salva y nos regenera a través de Cristo y del Espíritu Santo: "Desde el momento que todo el género humano pereció en Adán, toda nuestra dignidad y nobleza no serían de ningún beneficio y se convertirían en vergüenza, de hecho, si Dios no se manifiesta a nosotros como Redentor, como lo ha hecho en la persona de su Hijo unigénito" (*Institución*, II, 6).

La *Institución de la religión cristiana* es, en buena parte, una exposición sistemática de la doctrina luterana y del programa de la Reforma. Pero entre la teología de Lutero y la de Calvino hay una diferencia significativa. En el centro del pensamiento de Lutero se encuentran la "locura de la cruz" y la liberación del hombre interior. Calvino, hombre de leyes y atento a los problemas políticos, está interesado sobre todo en el desarrollo de la acción de Dios en la historia.

El Dios de Calvino es también el majestuoso y omnipotente Señor del Antiguo Testamento, que creó el mundo de la nada y le dio una ley. Su figura es similar a la de un monarca del Renacimiento que funda el Estado luchando contra el caos feudal.

Por tanto, el "conocimiento de Dios" es la revelación de su voluntad, que acontece en las Sagradas Escrituras. La Biblia no es un tratado filosófico sobre Dios. Tampoco es solamente un código de leyes divinas. El ser humano es un pecador que, de hecho, no puede poner en práctica, por sí mismo, la ley divina. Esto puede lograrse solo a través de un largo proceso de redención, que culmina en la obra de Cristo. El Hijo de Dios actúa según la voluntad de Dios y, a través de Él, los elegidos son regenerados y se colocan en una posición para actuar en función de la gloria de Dios. Por lo tanto, para ser bien entendidas, la Sagrada Escrituras deben siempre ser consideras como un todo. Y este conjunto comprende todas las fases de la estrategia divina respecto a la humanidad: desde el Antiguo al Nuevo Pacto, desde la historia del pueblo de Israel hasta la historia de Cristo y de su nuevo pueblo, la iglesia.

Alrededor de 1740, el más grande teólogo calvinista de Nueva Inglaterra, Jonathan Edwards (1703-1758), tituló su tratado de teología: *La historia de la obra de la redención*. Este título corresponde muy bien a las ideas de Calvino. Por tanto, la posición de Calvino es algo muy diferente a un retorno al misticismo medieval. El interés religioso se mueve desde el destino del alma hasta el acontecimiento de la historia universal.

5.2. La "compañía de los fieles"

La obra más importante de Calvino está constituida por los *Comentarios a los libros del Antiguo y del Nuevo Testamento*, escritos en Ginebra en latín e inmediatamente traducidos al francés. Estos *Comentarios* de Calvino son la base de su predicación pública. La Biblia es la Palabra de Dios, pero también está escrita por seres humanos que vivieron en el pasado. Hay que conocer los textos originales (en hebreo y en griego), comprender la intención de los autores (profetas y apóstoles), las circunstancias históricas de sus discursos y, como hemos dicho, unir las partes con el todo. Ginebra se convirtió en el principal centro de la escuela bíblica de Europa, donde se formaron los predicadores y los activistas de la Reforma. Pero la Palabra de Dios no es un texto de estudio individual: ella es comprendida solo en la "sociedad de los fieles" (así llamó Calvino a la iglesia). En su respuesta a Sadoleto, Calvino, en referencia a la primera carta a los Corintios (cap. 14) establece que "el profeta, cuya tarea es enseñar, debe ser juzgado en la asamblea de los auditores".

Frente a la palabra de Dios todos los creyentes son iguales. Pero cada uno de ellos ha recibido diversos "dones" y "talentos", y debe desempeñar su propio papel en la iglesia. En sus *Comentarios sobre el Nuevo Testamento*, Calvino precisa que la variedad de dones y de "oficios" tiene el siguiente orden: la vida de los fieles debe ser un continuo "intercambio" y una "comunicación recíproca". Intercambio y comunicación hacen "avanzar" a toda la sociedad de fieles, y este progreso común es lo que da gloria a Dios.

Calvino utiliza muy pocas representaciones tradicionales de la iglesia como cuerpo. En la Antigüedad y la Edad Media esta imagen del cuerpo eclesiástico y político estaba estrechamente asociada a la idea de la jerarquía: la "cabeza" cuenta con más dignidad y poder que los "miembros". Las palabras que Calvino utiliza frecuentemente para describir la vida cristiana ("sociedad de los fieles", "intercambio", "comunicación") ya no son más los conceptos de la sociedad feudal. Ellos corresponden más bien a la experiencia política y económica de la ciudad liberada y de sus asociaciones burguesas.

Este marco está constituido por el autogobierno del cuerpo eclesiástico. Para evitar una nueva sumisión de la iglesia al Estado (como había ocurrido en los principados luteranos de Alemania) Calvino organizó en forma autónoma la "Venerable Compañía de los Pastores", pero éstos son solo predicadores y no los gobernantes de la iglesia. El órgano de gobierno es más bien el "consistorio", que consta de pastores y laicos. Estos últimos son electos con el título de "ancianos" (y, por lo tanto, el sistema que estamos describiendo se define como "presbiteriano", del griego *presbytes*, "anciano"). Incluso los "diáconos", que se ocupan de la asistencia, son laicos designados por la comunidad.

La organización de la iglesia calvinista no fue en absoluto liberal. El Consistorio ejerció un control severo sobre la vida de los fieles. Pero el orden de Calvino, aprobado por las asambleas ciudadanas de Ginebra en 1541, abrió la vía a una comparación ajustada y a una discusión continua y no exenta de tensiones a las diferentes formas de autoridad y poder. Hablando de Calvino en su libro *La revolución de los santos*, el filósofo Michael Walzer observa que muy pocos hombres en la historia han tenido una gran pasión por las reuniones públicas. La "disciplina de la santa república", por lo tanto, se organizó "en un gran número de nuevas asociaciones". Y los elegidos se dedicaban a todo tipo de actividades, debates y votaciones, que absorbían buena parte de su vida cotidiana.

5.3. La ciudad

A diferencia de su concepción de la comunidad eclesiástica, la teoría política de Calvino parece más bien conservadora. Él creía que la monarquía era una buena forma de gobierno, a condición de que el soberano no confundiese el Estado y la iglesia, y de que aceptara la confrontación con la predicación autónoma de la Palabra de Dios. También creía que los jueces inferiores debían ejercitar cierto control sobre la acción del soberano, sobre todo en el caso de que éste obstaculizase la verdadera religión. Personalmente prefería la república aristocrática (como fue, de hecho, en Ginebra) y consideraba al gobierno democrático como una forma de anarquía. Pero, para Calvino, los ciudadanos eran, al mismo tiempo, miembros del "cuerpo político" y de la "sociedad de los fieles". Y, como hemos visto, estas asociaciones estaban organizadas y gobernadas de manera diversa. Por lo tanto, la política que se realizaba en la "sociedad de los fieles" tenía grandes consecuencias en la vida de la ciudad. Una ciudad cristiana no podría ser igual a una ciudad pagana.

Calvino se había reunido con los anabautistas y se casó con la viuda de uno de ellos, pero pensaba que el rechazo anabautista de la fuerza y de la función pública era una evasión de los deberes políticos. El Sermón de la Montaña no podía ser actualmente la base de una legislación sobre la tierra. El reino de Cristo está en camino e indica la dirección en la que se mueve la historia. Pero el plan divino de regeneración de la humanidad se llevaría a cabo en un largo plazo. En el entusiasmo de los apocalípticos, que esperaban un próximo "reino de los santos", se escondían las dificultades de este largo proceso.

Pero si Calvino estaba lejos de Müntzer y de los anabautistas, también lo estaba de Lutero. El exmonje alemán había rechazado y consideraba como anti-cristiana la idea de un reino terrenal de los santos. Pero también pensaba que el fin del mundo estaba cerca. El orden político era, para él, una dolorosa y provisoria necesidad. El cristiano estaba llamado a servir a los demás sin ilusiones de producir cambios en la vida exterior de la ciudad. Para Calvino, al contrario, la ciudad era el campo de la actividad legislativa y de la disciplina voluntariamente aceptada. Calvino hacía referencia al Antiguo Testamento mucho más que Lutero. Si la legislación de este mundo no puede fundarse en el Evangelio, pero encuentra modelos válidos en el ordenamiento del Antiguo Pacto, en primer lugar, debe atenerse a las normas del Decálogo. Por lo tanto, la reforma de la iglesia no podía avanzar sin una reforma de la ciudad, que debía ser hecha por medio de procedimientos públicos. El nuevo reglamento de la iglesia y de la ciudad de Ginebra se aprobó en una ceremonia solemne, en la que todos los ciudadanos renovaron el pacto juramentado.

De esta manera, Calvino restableció la práctica de las asociaciones comunales de la Edad Media, pero con una diferencia sustancial: en la Edad Media fueron juramentados acuerdos consagrados a la iglesia, depositaria del poder divino. Aquí, en vez de ello, tanto la comunidad política como la religiosa se refundarían, en cierto modo, delante de Dios. Y puesto que el interés de la reforma religiosa era un imperativo superior al político, la ciudad tuvo que ser transformada. Centro estratégico en la lucha internacional de la Reforma, Ginebra se convirtió en un hogar para miles de refugiados. Nobles y campesinos franceses, patricios y valientes emprendedores de Lucca y de otras ciudades italianas que se habían adherido a la Reforma y fueron forzados al exilio, fueron admitidos como ciudadanos de Ginebra, previa profesión pública de fe.

La revolución también hizo uso del terror: los disidentes fueron expulsados y algunos miembros de la aristocracia ginebrina, que no aceptaron la dura disciplina de la "sociedad de los fieles", fueron ejecutados. El humanista erasmiano Miguel Servet (1511-1553), quien sostenía ideas radicales y negaba el dogma de la Trinidad, fue detenido en la ciudad, procesado y quemado en la hoguera.

Cuando Calvino murió, junto con los 13 mil ginebrinos nativos, había 6 mil refugiados, todos ciudadanos de Ginebra con plenos derechos. La comuna medieval, todavía basada en lazos de parentesco, del origen étnico, del lugar, se había convertido en una república donde los ciudadanos eran tales por voluntad y elección personal.

6. La predestinación y el pacto

Juan Calvino murió en 1564, un año después de la conclusión el Concilio de Trento. En los años cuarenta del siglo XVI, cuando se convocó ese concilio, había habido esperanzas e intentos de acercamiento entre las diferentes posiciones teológicas y las numerosas llamadas de reforma de la iglesia. Pero ya había puntos insalvables de contraste: la naturaleza del poder eclesiástico, la mediación sacerdotal, la jerarquía, la autoridad del Papa. Durante el concilio, los obispos más moderados y los teólogos erasmistas fueron rápidamente puestos en minoría por los hombres de la nueva y combativa orden religiosa fundada por Ignacio de Loyola (1491-1556): los jesuitas.

Una perspectiva del Concilio de Trento, en el que los niveles más altos de la iglesia decidieron una reorganización radical de la doctrina, con el fin de luchar para financiar la Reforma Protestante (pintura de Matthias Burglechmer, siglo XVII).

El Concilio de Trento reorganizó la Iglesia Católico-Romana en la doctrina, en la disciplina, en la vida moral. Pero la reorganizó esencialmente para luchar contra la herejía protestante (de allí el nombre de "Contrarreforma"). La doctrina medieval de los sacramentos y el dominio del papado fueron reconfirmados y definidos con rigurosa claridad y coherencia. Al mismo tiempo, cambió la actitud de la iglesia con respecto a la cultura. En los últimos siglos de la Edad Media, a pesar de la lucha contra los disidentes religiosos, se habían desarrollado diferentes escuelas teológicas y filosóficas. Debido a que esas escuelas no pusieron en discusión la doctrina sacramental de la iglesia, la variedad de sus puntos de vista fue aceptada. El mayor filósofo cristiano del siglo XV, el cardenal Nicolás de Cusa (1401-1464), incluso había elaborado una teoría que justificaba las muchas y diferentes "visiones de Dios" dentro de la unidad de la fe. Pero en el siglo XVI se hizo evidente que las distintas opciones teológicas correspondían también a orientaciones prácticas. Consecuentemente, el Concilio de Trento estuvo a favor de la doctrina de Tomás de Aquino, conectada con la filosofía de Aristóteles.

A la izquierda, Ignacio de Loyola, fundador de la Compañía de Jesús.
Derecha, el Papa Pablo III Farnese (retrato de Jacopino del Conte, 1538-1539).

En la gran obra de Santo Tomás (1221-1274), el Universo se presenta como un orden jerárquico organizado de modo riguroso. Esto permite a los seres humanos llegar a un conocimiento racional de la existencia de Dios: un conocimiento que no es idéntico a la fe cristiana en la revelación, pero no lo contrasta. La razón y la fe, la obra del ser humano y la divina gracia están coordinadas, así como el papel de la institución sagrada, la iglesia, que corona el edificio de la sociedad humana.

La Contrarreforma ligó estrechamente la reafirmación del poder sagrado de la iglesia a la visión del mundo que hemos descrito. Pero el universo de Aristóteles estaba a punto de ser socavado por la filosofía y la ciencia del Renacimiento. Los teólogos de la Reforma opusieron a la armoniosa construcción jerárquica de Tomás de Aquino una visión altamente dramática de la historia universal, conectada con las ideas del apóstol Pablo y de Agustín de Hipona. En las luchas ideológicas de la Contrarreforma, por lo tanto, volvió al primer plano la doctrina de la "predestinación" divina, que, a principios del siglo v, Agustín (354-430) había opuesto a las ideas de monje británico Pelagio, quien sostenía que, incluso después de la caída de Adán, el hombre era moralmente libre para elegir el bien y el mal: la gracia divina consiste precisamente en el don de esta posibilidad de elección individual, el "libre albedrío". Agustín sostenía, en cambio, que el pecado tiene una dimensión colectiva. Como resultado de la caída, la humanidad es condenada a la corrupción y a la muerte. La gracia de Dios es la condición indispensable para la salvación. Ésta es dada gratuitamente a los que estaban predestinados y que, en el Día del Juicio, serán separados de la "masa de perdición".

Ahora nos resulta difícil entender por qué, a finales del siglo XVI y principios del XVII, los calvinistas y otros grupos protestantes negaron la libertad natural del ser humano y sostuvieron la doctrina de la predestinación. Se habla de los grupos religiosos más comprometidos en la lucha de emancipación contra la Iglesia Católico-Romana y también en contra de la Iglesia de Inglaterra (que se había separado de Roma, pero que mantuvo las ceremonias sacras y el episcopado). Se piensa generalmente que la doctrina de la predestinación es un elemento central de la teología de Calvino. Esta doctrina se relaciona directamente con los conceptos de soberanía y majestad de Dios, expresados en la fórmula: "Solo a Dios la gloria", pero, en realidad, Calvino expuso sus ideas sobre la predestinación únicamente en la tercera edición de la *Institución de la religión cristiana*, publicada en latín en 1559 y en Francia en 1560, inmediatamente después del Concilio de Trento, que había hecho una elección doctrinal de no retorno, que a los reformadores les pareció decididamente de espíritu pelagiano.

En este marco polémico la predestinación expresaba, en forma absoluta y extrema, la idea de que la salvación es dada al ser humano solo por la gracia. Admitir, de cualquier forma, que los seres humanos pueden cooperar para lograr la salvación eterna, significaba volver a abrir el camino a la función de mediación del sacerdote, así como al poder sagrado de la iglesia. De hecho, ya en las obras de Agustín, la doctrina de la predestinación era una reelaboración filosófica de la idea de la libre elección (del latín, *eligere*, "elige") divina, expresada en el Antiguo y en el Nuevo Testamento. En la Biblia, esta idea se encuentra estrechamente asociada a la inversión de los valores y de la jerarquía humana. Dios no ha elegido un reino y una nación potentes en este mundo, sino al contrario, a un pueblo esparcido y esclavizado. Lo ha sacado de la esclavitud en Egipto y, después, del exilio en Babilonia. En la primera carta a los Corintios, Pablo reafirmó que "Dios eligió lo que es débil para avergonzar a lo fuerte".

La vida de la comunidad calvinista fue dominada por la lectura del Antiguo Testamento antes que por las teorías de la predestinación. La idea de la elección divina sostiene la actividad indomable de los militantes. Ningún poder terrenal, eclesiástico o político, podría oponerse al proyecto de Dios, que ha llamado a los elegidos a actuar para su gloria y a luchar en el mundo contra las potencias anti-cristianas.

Giordano Bruno (1548-1600), extraordinario pensador y filósofo víctima de la Contrarreforma. Fue juzgado por herejía y quemado en la hoguera (retrato del *Livre du recteur*, Ginebra, 1578).

La doctrina de la predestinación acabó por definirse de modo más difícil en el siglo XVII, siempre en situaciones de conflicto. A principios de ese siglo, los calvinistas holandeses, quienes, desde hacía varias décadas estaban en guerra contra la dominación española, se dividieron en cuestiones religiosas y políticas. El teólogo Jacobo Arminio había dado importancia a la libre elección del ser humano en la conquista de la salvación. Sus ideas fueron compartidas por muchos miembros de la burguesía holandesa, conservadora e inclinada a una solución diplomática del conflicto con España. Favorables a la doctrina de la predestinación eran, al contrario, las clases populares, que querían abrir el camino a la lucha por la independencia nacional y por la reforma religiosa, en contra del rey católico de España.

En 1618, representantes de las iglesias calvinistas de Europa se reunieron en Dordrecht, Holanda, y condenaron las ideas de Arminio. Unos 30 años después, en 1647, la asamblea de pastores y teólogos ingleses, reunidos en Westminster durante la guerra civil apoyada por los puritanos contra el rey Carlos I, expuso la siguiente definición de predestinación:

> Dios, para manifestar su majestad, ha predestinado [...] a algunos hombres a la vida eterna y otros ha preordenado a la muerte eterna. [...] Los que son llamados a la vida, Dios los escogió [...] de acuerdo con su consejo secreto y al arbitrio de su voluntad, y esto solo por la libre gracia y el amor, y no porque se haya movido a que, como condición y causa, la previsión de la fe y de las buenas obras [...] pero todo para la mayor gloria de su gracia divina.

Agradó a Dios [...] descuidar el resto de la humanidad, a magnificar su potencia ilimitada sobre sus criaturas y para condenarlo a la deshonra y a la ira de su pecado, al engrandecimiento de su justicia divina.

El historiador suizo Herbert Lüthy escribió en 1965 que esta *Confesión de fe Westminster* es "un instrumento de terror creado en plena revolución puritana". Sin embargo, durante el despliegue de la revolución inglesa la posición protestante se hizo posteriormente más complicada. La doctrina de la predestinación no solo era combatida, diríamos hoy, por la "derecha" (los prelados y los teólogos oficiales), sino también por la "izquierda". El poeta John Milton (1608-1674), defensor de la libertad religiosa y "cantor militante de la revolución puritana", estaba convencido de que la salvación fue dada a todos los hombres y que la condenación eterna de los repróbos estaba en contra de la idea del amor divino. En cuanto a la doctrina de la predestinación, afirmó: "Puedo ir al infierno, pero un Dios así nunca tendrá mi respeto". Muchos bautistas y sectarios del ejército revolucionario estaban más cerca de la idea de Milton que de la predestinación.

7. La teología del pacto y la política "federal"

La doctrina de la predestinación intenta reafirmar la omnipotencia y la suprema libertad de Dios pero produce incluso angustia y duda en la mente de los fieles, ante el abismo insondable de los decretos divinos. Los teólogos, sin embargo (al final de la Edad Media), sostenían que, en el diseño y la obra de la redención de la humanidad, Dios ha puesto los límites a la propia potencia absoluta, transformándola en la "voluntad ordenada". Calvino mismo pensaba que el ser humano no tiene por qué inquietarse haciendo perturbadoras preguntas acerca de la predestinación. En lugar de eso, debe cumplir con el orden comprensible de la voluntad de Dios manifestado en la historia de la salvación y en la continuidad entre el Antiguo el Nuevo Pactos. Enseguida este visión total fue elaborada en la "teología del pacto" o "teología federal" (de la palabra latina *foedus*, "pacto de alianza", *covenant*, en lengua inglesa).

7.1. *"El pacto de Dios, único y eterno"*

Con la oferta del pacto de alianza, Dios se comporta como un soberano constitucional, que renuncia al ejercicio del poder absoluto y establece una relación de reciprocidad con su pueblo. A principios del siglo XVII un teólogo puritano inglés, John Preston, comentó con estas palabras la historia la promesa hecha a Abraham. Cuando Dios anuncia: "Y estableceré mi pacto entre mí y ti" (Gn 17:2), es como si dijera: "No voy a decir solo lo que está en mi poder para hacer [...] sino que también quiero entrar en un pacto con vosotros, es decir, voy a comprometerme [...], ya no voy a ser más libre. Aquí se revela la grandeza del amor divino: "Él está en el cielo y nosotros estamos en la tierra, es el glorioso Dios, nosotros polvo y ceniza, Él es el Creador y nosotros solo sus únicas criaturas. Sin embargo, Él quiere entrar en un pacto, lo que implica una especie de igualdad entre nosotros".

El primer tratado de la "teología federal" fue escrito por Heinrich Bullinger (1504-1575) quien, después de la muerte de Zwinglio, tomó el timón de la reforma en Zúrich y tuvo una colaboración y amistad con el "legislador de Ginebra", Calvino. El libro de Bullinger se titula: *El testamento o pacto de Dios, único y eterno* y pronto se difundió en Europa. La "teología federal", por lo tanto, se originó en el entorno de ciudades libres, como Zúrich y Ginebra (donde el tipo actual del protestantismo se llama "reformado" para distinguirlo de otras agrupaciones confesionales, como los luteranos, anglicanos, bautistas, cuáqueros y metodistas). Sin embargo, no se refiere en primer lugar al orden político, sino al problema —de suma importancia por todas las iglesias cristianas— de la lectura y la interpretación total de las Sagradas Escrituras. La Reforma había proclamado la autoridad de la *Sola Scriptura*. Pero, ¿cómo se configuraban y en qué contexto, las relaciones entre el Antiguo y el Nuevo Testamentos?

En la agitación religiosa del siglo XVI, algunos intelectuales de formación humanista y los disidentes anabautistas pusieron mucho énfasis en la diferencia y el contraste entre los dos Testamentos. El primero representa "la época de la Ley", el segundo inaugura "la era de la gracia". Por lo tanto, la promesa del Antiguo Pacto tiene un carácter "mundano" y "carnal"; la del Evangelio, por el contrario, es solamente "espiritual". En abierta polémica contra esta devaluación del Antiguo Testamento, Zwinglio, Bullinger y Calvino reafirmaron la unidad del mensaje bíblico, asumiendo precisamente el Pacto como una clave de lectura de las Sagradas Escrituras consideradas juntas. El Pacto de Dios con Israel y sus acontecimientos son parte integrante de la operación de la Gracia, y llegó a su término por el Evangelio.

En su *Refutación de las peculiaridades de los anabautistas* (1527), Zwinglio declaró: "Por tanto, el mismo pacto que un tiempo Dios estableció con el pueblo de Israel; en los últimos tiempos lo estableció con nosotros, para que fuéramos con ellos (Israel) un solo pueblo, una sola iglesia, y que tuviéramos un solo pacto". Pero si la alianza entre Dios y su pueblo está todavía en vigor, este principio ha tenido consecuencias evidentes y decisivas en la organización de la "sociedad de los fieles", no solo en el plano eclesial sino también en el plano político.

En primer lugar, la continuidad y la permanencia del Pacto confirman las referencias normativas de las leyes del antiguo Israel, liberado de la esclavitud en Egipto. En segundo lugar, luego se abrió el camino a la práctica de la renovación del Pacto (*Covenant*), que marcó los acontecimientos de la Reforma en Escocia y, luego, la fundación de las colonias en Nueva Inglaterra.

7.2. El Pacto en acción

La revolución religiosa de Escocia comenzó con el *Covenant* firmado en 1557 por un grupo de aristócratas favorable a la Reforma y se convirtió en realidad en los años 1559-1560, bajo la enérgica guía del predicador calvinista John Knox (1514?-1572). El Parlamento de Edimburgo ratificó la separación del catolicismo romano y el episcopado fue abolido. A diferencia de lo ocurido en Inglaterra (donde el rey Enrique VIII se puso a la cabeza de la Iglesia Anglicana), la Iglesia de Escocia afirmó su autonomía frente al poder del Estado monárquico y, a partir de la Asamblea General de 1560, se organizó en una forma de gobierno colegial y electivo, confiado al "presbiterio" (equivalente al Consistorio de Ginebra) a nivel local, y a reuniones periódicas del sínodo, a nivel nacional.

Esta constitución fue contestada fuertemente por los gobernantes de la dinastía Estuardo, quienes después de la muerte de reina Isabel I, se habían convertido en los titulares de las dos coronas: Escocia e Inglaterra. Como ya lo hemos dicho, Jacobo I Estuardo (1566-1625) estaba convencido de que "si no hay obispos, ni siquiera hay rey" y, por lo tanto, se dedicó a restaurar en Escocia el sistema episcopal. Carlos I Estuardo, hijo y sucesor de Jacobo I, a su vez, quiso imponer a los escoceses una liturgia de tipo anglicana y reivindicó para sí el título y el papel de cabeza de la iglesia nacional, que ya detentaba en Inglaterra. Ante tales pretensiones de supremacía real, en 1638 los dirigentes eclesiásticos y los políticos escoceses, se reunieron en Edimburgo, reiterando el *Covenant*: "Nosotros [...] prometemos y juramos en el nombre del Señor, nuestro Dios, que continuaremos a profesar la anterior religión [reformada] y que la defenderemos y resistiremos a todos estos errores y corrupciones, de acuerdo con nuestra vocación [...]. Como conviene a los cristianos que hemos renovado nuestro pacto con Dios, con fidelidad prometemos a atenernos exclusivamente a los deberes de la libertad cristiana".

En los días siguientes, el texto del *Covenant* fue difundido y firmado en las calles y en los lugares de culto. En noviembre de ese año, la Asamblea de la Iglesia de Escocia abolió nuevamente el episcopado y declaró que ningún gobernante bajo el cielo tiene el poder de disolver entre los fieles el juramento hecho delante de Dios. A partir del levantamiento de los escoceses en contra el rey Carlos I Estuardo se desencadenaron los acontecimientos de la Revolución Inglesa, de la que se hablará en el próximo capítulo. Pero la historia del Pacto moderno llegaría a un punto de inflexión, históricamente decisiva, en el suelo americano de la "Nueva Inglaterra". En 1620, un grupo de disidentes ingleses (emigrantes inicialmente en los Países Bajos) cruzaron el Atlántico a bordo del navío *Mayflower*. Antes de llegar a la costa de Cape Cod, los "Peregrinos" escribieron y firmaron el acta fundacional que ha tomado el nombre de *Mayflower Compact*, en donde se dice: "Nosotros, los abajofirmantes [...], en la presencia de Dios y cada uno de nosotros con todos los demás, nos damos un solemne pacto recíproco y nos unimos en una Sociedad Política, para el mejor ordenamiento y la permanencia de nuestra comunidad". Hannah Arendt (filósofa insigne del siglo pasado, forzada a emigrar de Alemania tras el ascenso del nazismo) escribió que la revolución americana del siglo XVIII y la Constitución de Estados Unidos tienen sus raíces en la larga práctica "federal" del *Covenant*, continuamente puesta en obra en la fundación y en el ordenamiento de la comunidad política de la Nueva Inglaterra, a partir precisamente del *Pacto del Mayflower* de 1620.

7.3. La política, "el arte de asociar a las personas"

Seis años antes de la llegada de los peregrinos a América, el calvinista alemán Johannes Althusius (1563-1638), profesor de derecho en la Universidad de Herborn, dedicó la última edición de su *Política* (1614) a los dirigentes de la República de las Provincias Unidas (actual reino de los Países Bajos), victoriosa en la larga guerra de independencia contra el rey católico de España, Felipe II. Athusius no solo fue un eminente profesor universitario: en 1604 fue llamado por los ciudadanos de Emden para ocupar el prestigioso oficio de *Syndicus*, procurador legal de la municipalidad en las relaciones con las potencias extranjeras. La ciudad de Emden fue un importante puerto en la costa del Mar del Norte y se había convertido en bastión del calvinismo, ganándose el apodo de "Ginebra del Norte". Durante su mandato, que duró más de 30 años, Althusius defendió con intransigencia y éxito la libertad y la autonomía de la ciudad, que estaba en lucha contra los luteranos de la Frisia oriental, hostiles al calvinismo y con la intención de establecer en sus territorios (en los que Emden estaba ubicada) formas de gobierno absolutistas.

Los autores que, en el siglo XVI, comenzaron a delinear el perfil del Estado moderno (el florentino Nicolás Maquiavelo y Jean Bodin) definieron la política como el "arte del gobierno", en el que el poder del príncipe y del soberano se ejerce desde arriba hacia abajo. Althusius, por el contrario, define la política a partir de la asociación práctica básica (*consociatio*, del léxico latino de la *Política*), que funda y organiza, por medio de pactos libres y consensuados, la convivencia ("simbiosis") humana. En el primer capítulo de la obra, se dice: "La política es el arte de asociar a los hombres entre sí en la constitución, en el cuidado y en la conservación de la vida social. En consecuencia se le llama *simbiótica*. Por lo tanto, el argumento de la política es la asociación a través de la que, con pacto implícito o explícito, la simbiosis obligará a los hombres a la participación mutua en lo que es útil y necesario para la práctica y al conjunto de la vida social".

La *consociatio* fundada sobre el pacto ya está operando en las asociaciones de tipo privado —como las corporaciones profesionales— y se expande y consolida en las instituciones públicas de los municipios y de las provincias. Estas sociedades políticas, a su vez, se unen, con los procedimientos federales, en las *Consociazione universale* (que puede ser una república o una monarquía constitucional), el marco de la propia autonomía. En todos los niveles las *consociationes* se dan las oficinas del gobierno, electivo y temporal. Incluso el "Sumo Magistrado", que gobierna la *Consociazione Universal*, tiene un poder solo ministerial y delegado. Si se pretende transformarlo en "poder absoluto", se convierte en un tirano, al que se debe resistir y puede ser destituido.

Entre los libros traídos a través del océano a bordo de los buques de los emigrantes puritanos —quienes en 1630 fundaron Boston y, más tarde, la Universidad de Harvard, la primera universidad estadunidense— no estaba por casualidad la *Política* de Johannes Althusius.

8. La guerra civil en Inglaterra

Para entender las causas y el desarrollo de la revolución inglesa (1640-1660) tenemos que dar un paso atrás en el tiempo. Teodoro de Beza (1519-1605), sucesor de Calvino en la dirección de la reforma ginebrina, escribió, en una carta de 1565, que en Inglaterra "el papado ya no tenía el estatuto de expulsado sino que había sido transferido a su regia majestad". Este juicio de Beza encaja muy bien en las controversias y las luchas religiosas y políticas que, durante casi un siglo, marcaron la historia del reino de Inglaterra y de Escocia; y que diron lugar a la primera gran revolución de la era moderna (1640 a 1660).

Como ya hemos dicho, el rey Enrique VIII (1491-1547) en 1534 había "transferido a la regia majestad" el poder sagrado. Había sometido el clero a la corona y lo había obligado a romper sus relaciones con la Iglesia Católico-Romana. Así nació la confesión "anglicana", parcialmente orientada hacia el protestantismo. A lo largo de este periodo, fuese Enrique VIII, fuese Elizabeth I (su hija, quien reinó desde 1558 hasta 1603) gobernaron con el apoyo del Parlamento y con el favor del pueblo. Elizabeth había llegado al poder tras las persecuciones de la reina María Tudor (otra hija de Enrique VIII) que, en los años 1553 a 1558, había tratado de devolver Inglaterra al catolicismo. María —llamada la *Sanguinaria* por haber mandado a la muerte a muchos herejes y algunos prelados de la Iglesia anglicana, que estaban a favor de Reforma— se había casado con Felipe II de España, el más intransigente campeón del catolicismo y de la Contrarreforma. Muerta ella, Elizabeth desplegó en Inglaterra una lucha internacional contra Felipe II. Los intereses de la nación se identificaron profundamente con la defensa de la causa protestante en Europa.

Enrique VIII, el rey que implementó el cisma de la Iglesia de Inglaterra de Roma (Retrato de Hans Holbein, el Joven, 1539-1540).

En Inglaterra los teólogos y predicadores de orientación calvinista se organizaron en el grupo de los llamados "puritanos". De hecho, querían "purificar" a la Iglesia Anglicana de las formas de culto y de las leyes que parecían todavía relacionadas con el catolicismo. Bajo el reinado de Elizabeth, la represión del movimiento puritano fue suficientemente blanda y solo se limitó a golpear a los creyentes que se habían separado abiertamente de la Iglesia de Inglaterra. Pero esta represión se acentuó durante las primeras décadas del siglo XVII, a través del trabajo de los monarcas Estuardo (Jacobo I y Carlos I) y del alto clero anglicano. Tanto así, que muchos disidentes decidieron emigrar al otro lado del océano.

A diferencia de los "Padres Peregrinos", los fundadores de la colonia de Massachusetts (establecida en 1630) no se habían separado oficialmente de la Iglesia de Inglaterra. Pero estaban organizados en una forma opuesta a la episcopal: las congregaciones locales eran autónomas y elegían a sus pastores y delegados a las asambleas regionales, que se reunían periódicamente para dirimir cuestiones de doctrina y de disciplina. Pero, al mismo tiempo, el gobierno puritano de Massachusetts impuso por ley una estricta uniformidad confesional y excluyó de la colonia a los demás grupos religiosos.

Un pastor emigrado de Inglaterra, Roger Williams (1603-1683) entró en conflicto con los dirigentes de la colonia. De hecho, afirmó la plena libertad de conciencia y la separación entre la Iglesia y el Estado. También declaró que las tierras americanas no pertenecían al rey de Inglaterra sino más bien a los pueblos indígenas, a quienes se les podían comprar sus terrenos a través de contratos regulares.

Un sermón de John Knox, el reformador que llevó al calvinismo de Escocia a la victoria. (Pintura de David Wilkie, 1785-1841).

Estos argumentos fueron considerados subversivos y en 1636 Roger Williams fue expulsado de Massachusetts. Con algunos compañeros remó en canoa a lo largo de la costa y fundaron un nuevo asentamiento en Rhode Island, estableciendo relaciones de amistad con la población nativa, los algonquinos. Aquí, por primera vez en la historia, fue instituida una comunidad civil supuestamente "democrática", en la que los derechos de ciudadanía y de elección de las oficinas de gobierno ya no estaban subordinados a ningún requisito de tipo confesional. Pero, mientras tanto, en Inglaterra había estallado una crisis política. En el intento de reforzar la monarquía, los soberanos Estuardo habían reducido fuertemente los poderes de control del Parlamento, especialmente de la Cámara Baja, que reunía a los representantes burgueses de los municipios y de la pequeña nobleza provincial (la llamada *gentry*), especialmente adherentes, el uno o el otro, de las ideas puritanas. Desde 1629 a 1640 Carlos I gobernó sin convocar al Parlamento, con el apoyo del arzobispo Laud, implacable enemigo de los puritanos.

Pero para hacer frente a la revuelta de los escoceses (véase parágrafo anterior) el rey se vio obligado a recurrir al Parlamento. En los años de gobierno absoluto, la oposición religiosa, sin embargo, se había confundido con la política. El Parlamento fue disuelto y convocado nuevamente. Éste se estableció como un órgano permanente de legislación y alta justicia, y comenzó a invadir las funciones y las atribuciones del rey. Los tribunales especiales instituidos por los Estuardo fueron suprimidos. Los principales colaboradores de Carlos I (el conde de Strafford y el arzobispo Laud) fueron destituidos, procesados y condenados a la pena capital. En la primavera de 1641 la Cámara de los Comunes se pronunció a favor de la abolición del episcopado. En enero de 1642, Carlos I intentó en vano detener a los líderes del partido parlamentario. En la primavera huyó de Londres y en el verano comenzó la guerra civil. Alrededor del rey se reunieron los nobles de alto rango, los grandes terratenientes y buen número de prelados anglicanos; en torno al Parlamento, la mayor parte de la burguesía y de la *gentry*. La guerra fue ganada, después de años de luchas complicadas, por el ejército parlamentario "Nuevo Modelo", organizado por Oliver Cromwell (1599-1658), un gentilhombre puritano miembro de la Cámara de los Comunes. Carlos I fue juzgado, condenado por alta traición y decapitado en enero de 1649. Inglaterra se convirtió por algunos años en una República (*Commonwealth*).

En su libro *Behemoth*, el más grande filósofo político del siglo XVII, Thomas Hobbes (1588-1679), afirmó que la guerra civil había sido provocada por agitadores religiosos, por predicadores que habían "seducido" al pueblo. En realidad, como Hobbes mismo lo sabía muy bien, la revolución inglesa fue una maraña de luchas políticas y de controversias religiosas en el contexto de una crisis profunda del antiguo orden social. La inmensa cantidad de discursos, sermones, actas de asambleas y debates, impresos y grabados en esos 20 años, demuestran que los contendientes tenían una clara conciencia de los aspectos políticos y constitucionales del conflicto y una visión realista de los problemas económicos y sociales. Pero, sin lugar a dudas, la idea y el lenguaje de la época eran todavía en gran medida religiosos y estaban ligados a la revolución cultural de la Reforma. Los problemas del orden en la iglesia, de las formas de asociación religiosa, de la libertad de conciencia, de opinión y de imprenta, no eran en absoluto asuntos de interés privado. Estaban estrechamente relacionados con las grandes cuestiones de la vida pública.

El conflicto no solo era entre el rey y el Parlamento, entre la Iglesia Episcopal y los reformadores calvinistas. Durante la revolución puritana se dividieron también en torno al problema de la constitución eclesiástica. La mayoría de la Cámara de los Comunes se mostró a favor de la abolición de los obispos y de la reforma del culto, pero quiso mantener una fuerte iglesia nacional, bajo el control del Parlamento. Una minoría del clero y de la Cámara de los Comunes, así como la gran mayoría del ejército de Cromwell, más bien eran favorables a la completa autonomía de las congregaciones, a la separación de la Iglesia y del Estado, y a la libertad religiosa. Los bautistas y los considerados "independientes" propusieron la abolición de los impuestos de la iglesia y de las antiguas parroquias, sujetas al tradicional patrocinio de los nobles.

En 1653, Oliver Cromwell (también llamado el "largo" porque se prolongó en el cargo desde 1640) disolvió el parlamento y se convirtió en *Lord Protector* de la República de Inglaterra. Estaba personalmente en favor de la libertad religiosa. Pero, al mismo tiempo, reprimía a los agitadores demócraticos (los "niveladores") del *New Model Army* (Ejército del Nuevo Modelo) que presionaba por el sufragio universal y por una mayor igualdad social. Un nuevo parlamento, convocado y constituido por una mayoría de fervientes militantes, se apresuró a disolverse tan pronto como éstos deliberaron la abolición de los diezmos y sueldos de los ministros de culto y el establecimiento del matrimonio civil.

Dos imágenes de Oliver Cromwell, político y dirigente puritano, protagonista de una revolución que tiene un lugar fundamental en la historia moderna (arriba, retrato de Peter Lely, *ca.* 1660, y, abajo, *Cromwell en Dunbar,* de Andrew Garrick Gow, 1886).

9. Los actos de Dios en la revolución

Las actitudes de los puritanos frente a los acontecimientos de la guerra civil han sido documentados en innumerables obras. Particularmente interesantes son los sermones pronunciados regularmente frente al gran parlamento por diversos predicadores, a partir del otoño de 1640. Más de 200 de estos sermones fueron inmediatamente impresos y han sido ampliamente utilizados y estudiados por los historiadores ingleses Christopher Hill y H.R. Trevor Roper y por los estadunidenses William Haller y John Frederick Wilson. A pesar de que estaban comprometidos en la misma lucha, los predicadores no dejaron de reafirmar la autonomía en contra del Parlamento. Ellos distinguieron las tareas de la predicación de las acciones del poder político y no se limitaron solo a pronunciar bendiciones. En un sermón del 22 de diciembre de 1641, el gran predicador Stephen Marshall se dirigió así a los parlamentarios: "Olvídense por un momento de que algunos de ustedes son condes o lords, caballeros y señores, y déjenme hacer dos o tres preguntas [...]. ¿Están seguros de no ser hijos del diablo? [...] ¿No hay entre ustedes gente que se niega a llevar el yugo de Cristo? [...] Sé que la gente de vuestra calidad no está acostumbrada a dejarse asustar; los hombres tienen miedo de decir algo que los podría poner a temblar: pero no hay que tener miedo, pues de lo contrario no podemos hacer ningún bien".

Una sesión del Parlamento británico, en un grabado de 1641.
Esta gran institución política fue la cuna de una nueva clase dominante,
la pequeña nobleza rural y la burguesía urbana.

La idea común a todos los predicadores diputados es que el advenimiento de la historia contemporánea muestra un plan divino. La gran liberación que tuvo lugar recientemente en Inglaterra es el resultado de la gracia de Dios, y ése es un "talento" que debe ser puesto a buen uso. Las fallas y las derrotas son duras, y claras son las advertencias: debemos hacer penitencia, reconocer los pecados del pueblo y continuar la obra de la Reforma. En un sermón predicado el mismo 22 de diciembre de 1641 y titulado "El espejo de Inglaterra", Edmund Calamy dice: "La sinceridad de vuestro arrepentimiento debe ser expresada en dos tareas [...]: Humillación por los pecados del pasado. Reforma por el tiempo que viene: sin humillación la reforma es un cimiento sin edificio, sin reforma la humillación es un edificio sin cimientos".

Stephen Marshall contrapuso abiertamente la visión teológica y moral de la historia a la "naturalística" de la Antigüedad y del Renacimiento, según la cual los reinos de la tierra seguirán el curso de la naturaleza y, por lo tanto, tienen su "periodo fatal, su juventud, su madurez y, después de un tiempo, su declive": "Pero no —dice Marshall— debemos atenernos a una ley más segura que ésta. No es la duración del tiempo lo que hace que Dios esté cansado o manifieste misericordia [...]. En la disolución de la iglesia y del reino, Dios sigue esta única ley: siempre que los pecados de una iglesia, nación, ciudad, familia [...] llegan a un límite, a continuación, Dios les envía a la ruina". Estas ideas se corresponden con la "teología del pacto", pero las mismas pueden tener diferentes acentos políticas. Algunos predicadores, como Edmund Calamy, insistieron en la legalidad de la acción reformadora: "No es poca bendición —dice en el sermón ya mencionado— que esta segunda reforma haya sido promovida por los líderes de nuestra tribu, y en la antigua y buena vía de un Parlamento y no por medio de un motín popular".

Con la agudización de la confrontación entre el parlamento puritano y el rey Carlos I, la predicación adquirió un tono más dramático. En diciembre de 1643, Stephen Marshall pronunció la oración fúnebre de John Pym (1584-1643), uno de los máximos dirigentes del partido parlamentario. "Nos preguntamos —dice Marshall— por qué Dios nos ha quitado a un hombre tan necesario para la causa de la Reforma, a un hombre que ha puesto toda su vida al servicio del bien público. Debemos ahora reconocer, en el temor de Dios, que los hombres son solo instrumentos de su voluntad. "Nosotros no podemos construir nada sobre los hombres". Y Marshall enseguida advirtió duramente a los diputados en el duelo: "Dios no necesita de ti [...]. Él puede hacer su trabajo sin ti y puede provocar a los que te desprecian a lograr grandes cosas, que no se pueden ni siquiera imaginar".

En *El púlpito en el Parlamento* (Princeton, 1969), el estudioso estadunidense J.F. Wilson sostiene que, en los sermones parlamentarios, salen a la luz no solo las diferentes posiciones con respecto a la organización de la iglesia inglesa, sino también dos diferentes formas de entender la historia. La teología del pacto utiliza los argumentos del Antiguo Testamento: Dios somete a prueba, castiga y libera a su pueblo para educarlo; derroca y restaura las naciones y los Estados según el grado de pecado y de arrepentimiento público. Pero a estas ideas se añadieron —y, a veces, se opusieron— visiones apocalípticas, decididamente dominantes en la libre predicación que se desarrollaba fuera del Parlamento y especialmente en el ejército revolucionario. Aquí, la guerra civil era vista como la realización de las profecías sobre la caída de Babilonia y del Anticristo; y, a menudo, como el comienzo del "milenio", cuando Cristo y sus santos reinarán en la tierra (de ahí el uso de la expresión "milenarismo"). Esta visión también está presente en muchos sermones parlamentarios. En la primavera de 1644, Joseph Caryl, un "independiente" suficientemente moderado, predicó "La agradecida aclamación de los santos en el momento en que Cristo retoma su gran poder" (Apocalipsis 11:16-17). Según Caryl, la oscura profecía del último libro de la Biblia es abierta e interpretada por la providencia divina: "Las acciones de estos tiempos son una realización y pronto tendrá una exposición completa de esta Escritura. Babilonia piensa que es inexpugnable [...]. Por lo tanto, cuando Dios abata y nivele toda su fortaleza, los atributos de su poder [de Dios] serán magnificados".

Caryl no era un fanático y tenía una concepción milenarista, progresiva y gradualista de la historia: "Aunque Cristo reina, el Anticristo desempeñará su papel de rey del mundo [...]. El de Cristo es un reino que, gradualmente, surge, asciende y crece; el del Anticristo es un reino que, gradualmente, cae, desciende y declina". Pero la insistencia sobre la realeza de Cristo ponía claramente en cuestión la figura y el poder del rey de este mundo, como Carlos I. Al comentar otro sermón de Stephen Marshall, J. F. Wilson observa: "En la retórica de Marshall estaba implícita otra pregunta: '¿qué necesidad hay de un monarca terrenal si el reino celeste está a las puertas?'". Y, en *El Anticristo en Inglaterra* (Londres 1971), Christopher Hill escribió: "La doctrina de que Cristo solo gobierna a sus elegidos y Anticristo no tiene poder sobre ellos es, en última instancia, una doctrina de la anarquía".

Los "sectarios" de la época de la revolución inglesa reafirmaron la mayor parte de las ideas que, en el siglo XVI, habían desatado la represión más feroz contra los anabautistas. Ellas consideraban anti-cristiana a cada iglesia de Estado (fuese anglicana o calvinista) y opusieron a esta iglesia la libre asociación de los creyentes convencidos y regenerados. Muchos de ellos estaban en favor del bautismo de los adultos. Eligieron pastores y ancianos de la comunidad y a menudo quitaron remuneraciones y permanencia en el cargo a los predicadores. Algunos grupos reconocieron que las mujeres podían hablar y predicar en las asambleas. Pero, a diferencia de los anabautistas, se negaron a toda acción política. Muchos de ellos se dedicaron a la lucha armada contra el rey y, en el Nuevo Modelo del Ejército, apoyaron las ideas de los agitadores democráticos.

En 1651, un bautista de Bristol, Robert Purnell, publicó un libro hoy casi olvidado, *No hay poder sino de Dios, pero hay un poder en cada criatura*. El libro fue dedicado "a todos los hombres a quienes no ha faltado la gracia o no son privados de razón". Contiene una apasionada defensa del ejército revolucionario, dirigida a los ministros de la iglesia (anglicana

o calvinista) que no querían reconocer la acción de Dios en los acontecimientos contemporáneos.

> ¡Aquí está el orgullo y la presunción de los hombres! ¿Cuándo el Todopo-
> deroso envía una liberación después de la otra, si ya que estos no se encuen-
> tran en los instrumentos que no nos gusta considerarlos más como gracias?
> [...]. ¿El Señor no es fuerza aparecida a la cabeza de nuestro ejército? ¡Pero
> ustedes dicen que es "un ejército blasfemo y sectario"! [...] Estos días de
> liberación, ¡ustedes los han llamado días de dolor! ¿No ha llamado el Señor
> del exilio a los marginados de su pueblo? ¡Pero para ustedes son momentos
> tristes y dolorosos! ¿Qué, pues? El Señor reconduce la magistratura y el mi-
> nisterio a sus instituciones de origen. ¡Pero para ustedes son tiempos tristes
> y dolorosos!

Pero ahora, concluye Purnell, citando el libro de Apocalipsis (18:11),
"no hay llanto y lamentos entre los grandes, reyes, príncipes y comerciantes y los poderosos de la tierra. ¿Por qué? Porque Babilonia es puesta en
fuego". Como ya hemos dicho, la revolución fue, sin embargo, frenada
y enmarcada por la dictadura de Oliver Cromwell. Muchos disidentes
religiosos y políticos se unieron al movimiento de los Amigos (despec-
tivamente llamados "cuáqueros", es decir, "parpadeos"). A la predicación
oficial y a la teología de las iglesias y de las universidades, los cuáqueros
opusieron la "luz interior" y la libre profecía del Espíritu Santo, que se
manifestaba en la asambleas de la regeneración. Como los anabautistas,
rechazaron el juramento y la deferencia a las autoridades externas.

Una mujer cuáquera predicando (grabado de Egbert van Heemsskerk, 1645-1704).

En los últimos años de la República se establecieron restricciones al ejercicio de la libertad religiosa en la predicación pública y en la prensa. Como forma de protesta no violenta, los cuáqueros se opusieron a estas medidas y reafirmaron que era " anti-cristiano" todo uso de la coerción, en particular de la represión de los disidentes por razones de conciencia. Y con este mensaje afrontaron los tribunales y la cárcel. En 1660, dos años después de la muerte de Cromwell, un nuevo Parlamento, en el que los monarquistas y los moderados eran mayoría, volvió a llamar al trono a Carlos II Stuart (1630-1685), hijo de Carlos I, y comenzó la Restauración. George Fox, llamado "el joven" (para distinguirlo de su tocayo, el fundador de la Sociedad de Amigos) había combatido en el Ejército Revolucionario y se había convertido después al pacifismo de los cuáqueros. En 1660, escribió desde la prisión al rey Carlos II para instarlo a que se abstuviera de la venganza y a que restaurase la tolerancia religiosa. En esta carta, ardiente e irrespetuosa, el prisionero cuáquero declaró (como lo hicieron los predicadores puritanos en los años de la revolución) que Dios actúa en la historia de un modo perturbador y desconcertante: el Señor invierte el orden del poder del mundo, llama la atención de los que están en lo alto (de la sociedad) y, para completar su trabajo, utiliza a los hombres de bajo rango y aparentemente despreciables.

Fox le recuerda a Carlos II la derrota de su padre, Carlos I, y de su partido.

> La mano de Dios no era de poco peso cuando tu padre y sus partidarios fueron derribados y derrotados. Dios tuvo motivos porque tus iniquidades habían provocado su ira, y su soberbia y su orgullo lo había adolorido, desafiando su espíritu justo. [...] Él se levantó [...] para liberarse de los adversarios y para hacer justicia de los enemigos. Cuando Dios vive en la eternidad y la sabiduría (¿quién creó todas las naciones de la tierra de la misma sangre, sin tener en cuenta nada?) vio que los partidarios de tu padre [...] eran por lo general los más sabios, los más ricos, los más nobles, los más fuertes, [...] decidió revelarse a los hombres que, en apariencia, eran dignos de desprecio: los comerciantes, los agricultores, los funcionarios y otras personas del partido de tu padre, que estoy seguro, se burlaban y despreciaban, considerándolo demasiado humilde y despreciable, incluso para combatirlos. Es a éstos, repito, que el Señor se reveló para llevar a cumplimiento todo lo que había decidido para abatir el orgullo del hombre [...] Dios encaminó a tu padre y a su partido [...] y no los ayudó sobre el campo de batalla, pero se convirtieron al escapar [...]. Así es como el Señor condenó la vanagloria y el orgullo de los que puso del lado de tu padre y de ti, sirviéndose precisamente de los que parecían humildes y despreciables.

Pero los ganadores no usaron el poder ofrecido por Dios, "para dar la libertad al pueblo de esta nación, porque los hombres, como tales y como cristianos, pudieron disfrutar de sus justos derechos". Y, por eso, Dios los abandonó. Carlos II, pudo retomar el poder solo gracias a la infidelidad de aquellos que habían traicionado la que llamaron "la buena causa".

> Es cierto que si fueran fieles al Señor, tú y tus amigos no hubieran podido prevalecer, como sucedió. No seas tan engañado por aquellos que quieren convencerte de que las cosas iban bien porque su reino era titular del derecho y yo estaba tan desgarrado ilegalmente, o porque los llamados realistas tienen más razones correctas que los que ahora están en el poder. Afirmo abiertamente que tú y todos los reinos de la tierra, de hecho, pertenecen al Señor, que puede encomendar a los que Él quiere y, de la misma manera, tomarlos para concederlos a otros; cuando esto sucede no se trata de ilegalidad.

Fox dirigió al joven Carlos II esta proclama de los actos de Dios en la revolución justo en el momento en que se estaba desatando la reacción monárquica, que mandó a la horca a los "regicidas" (que en 1649 habían ajusticiado a Carlos I). El discurso de Fox reforzó seguramente la convicción entre el nuevo rey y sus ministros, de que los cuáqueros eran subversivos y que era mejor tenerlos en la cárcel en lugar de buscarles un lugar en el reino de Inglaterra.

10. La religión de los vencedores

La Restauración expulsó de sus parroquias a todos los pastores puritanos que no aceptaron conformarse con la restauración de la iglesia de Estado anglicana. A varios grupos disidentes (presbiterianos, "independientes", bautistas y cuáqueros) les fue suprimida la libertad de culto y la predicación pública, hasta 1672. Los que continuaron predicando fueron procesados, multados y, a menudo, encarcelados.

La segunda revolución inglesa (1688-1689), llamada "Gloriosa", fue una operación sin dolor en la cumbre de la política. Jacobo II Estuardo (1633-1701), hermano y sucesor de Carlos II, se había convertido al catolicismo y planificaba someter nuevamente la Iglesia de Inglaterra al poder del Papa. Entró en conflicto abierto con el Parlamento, que lo derrocó, llamando al trono en 1688 a su hija María, fiel anglicana, y a su consorte Guillermo III de Orange-Nassau, dirigente holandés de la República de las Provincias Unidas y tenaz organizador de la resistencia contra la estrategia imperialista del "Rey Sol", Luis XIV de Francia. Los nuevos gobernantes aceptaron la *Declaración de derechos*, que limitaba el poder de la monarquía, aumentando el del Parlamento, y se comprometió a no regresar a Inglaterra al campo católico. Se emitió un *Acta de tolerancia* en favor de los disidentes, quienes obtuvieron la libertad de asociación y de culto, pero fueron excluidos de los cargos públicos. La Iglesia Anglicana mantuvo sus privilegios de Estado, pero se consideraba a sí misma como parte del mundo protestante.

Las creencias religiosas y la disciplina moral ya no fueron enmarcadas en un programa de reforma universal de la Iglesia y de la sociedad cristiana, y todo esto se convirtió en un asunto privado. La liberal y a veces tumultuosa manifestación del "Espíritu de Cristo" y las visiones apocalípticas se representaron en los periódicos avivamientos, como el dirigido, en el siglo XVIII, por el gran predicador John Wesley (1703-1791). Muchos creyentes "avivados" fueron vistos con hostilidad por las iglesias oficiales, pero el orden público no resultó amenazado.

La doctrina de la predestinación fue abandonada por la mayor parte de los teólogos pero la convicción de ser la nación escogida por Dios permaneció para consagrar el destino imperial del pueblo anglosajón. Los réprobos fueron frecuentemente identificados con base en el color de la piel. Los indígenas de América del Norte fueron exterminados para dar nuevas tierras a los que se consideraban "elegidos" y los africanos fueron deportados como esclavos para cultivarlas. Después de dos siglos de luchas y revoluciones, el protestantismo se convirtió en una "religión de ganadores".

A principios del siglo XVIII, una opinión muy diferente fue revivida por algunos "menonitas", seguidores del holandés Menno Simons y directos descendientes de los anabautistas del siglo XVI, quienes se establecieron en la más tolerante y más democrática de las colonias de Norteamérica, Pennsylvania, fundada por los emigrantes cuáqueros. Salvo en sus principios religiosos y morales, los menonitas rechazaron la esclavitud de los negros y acusaron públicamente de incoherencia a los terratenientes cuáqueros, que habían terminado por aceptarla. Pero la protesta de los menonitas perduró durante casi un siglo como una voz en el desierto. En el mundo occidental y cristiano la abolición de la esclavitud fue proclamada por primera vez hasta hacia finales del siglo XVIII, por las asambleas laicas de la Revolución Francesa.

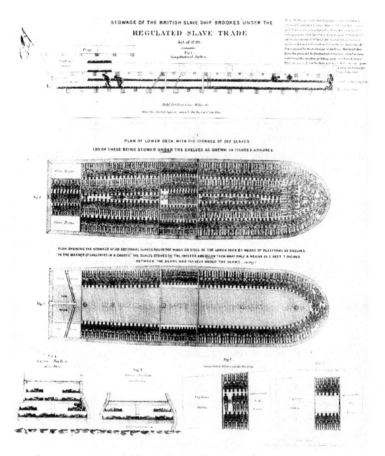

Puentes y sección del buque inglés *Brookes* usado para el transporte de los negros esclavizados (1788).

CAPÍTULO 4

La ética protestante

1. La vocación y el trabajo

La idea de la vocación cristiana fue profundamente reelaborada, en el siglo XVI, por Erasmo de Rotterdam y por los reformadores. En el catolicismo medieval, la palabra "vocación" se refería especialmente a la vida de los fieles que habían recibido una particular "llamada" de Dios para ser sacerdotes o monjes. Erasmo decía que el aislamiento y la inactividad de monjes y frailes no eran una verdadera vida cristiana. La Reforma Protestante derribó el muro que dividía al clero de los laicos y abolió los monasterios y las órdenes religiosas. Después, todos los cargos públicos, en la iglesia y en la ciudad, aunque también todas las formas regulares de actividades profesionales (agricultores, artesanos, comerciantes, etcétera) fueron vistos como la realización de una llamada divina. La doctrina luterana de la justificación por la fe y de la libertad cristiana quitó valor a las obras religiosas (sacramentos, ceremonias, actos externos de devoción) y, al mismo tiempo, le dio un significado religioso al trabajo. Esta idea fue compartida por todos los grupos protestantes, tanto por las iglesias oficiales como por las disidentes.

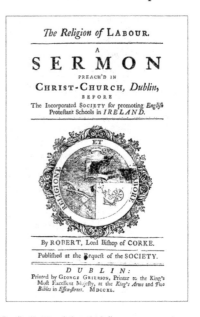

The Religion of LABOUR.

A

SERMON

PREACH'D IN

CHRIST-CHURCH, *Dublin,*

BEFORE

The Incorporated SOCIETY for promoting *English* Proteſtant Schools in *IRELAND.*

By ROBERT, Lord Biſhop of CORKE.

Publiſhed at the Requeſt of the SOCIETY.

DUBLIN:

Printed by GEORGE GRIERSON, Printer to the King's Moſt Excellent Majeſty, at the *King's Arms* and *Two Bibles* in *Eſſex-ſtreet.* MDCCXL.

La "religión del trabajo" que se menciona en este sermón es una consecuencia importante de la ética protestante, que insiste en la necesidad de la disciplina y el autocontrol y la necesidad de la participación de cada creyente.

Pero Lutero tuvo una visión rígida y tradicional del orden social. Vinculaba la vocación cristiana a la exhortación del apóstol Pablo: "Todo el mundo se quede en la condición en la que fue llamado "(I Cor 7:20). Ernst Troeltsch (1865-1923), el gran historiador de las doctrinas sociales cristianas, escribió que la idea vocacional de Lutero "se conecta de cerca con una sociedad conservadora, dividida en castas, que mantiene a cada uno dentro de los límites de su propia clase". Los reformadores de las libres ciudades suizas y de Ginebra se distanciaron de las posiciones de Lutero. Calvino comentó de esta manera las palabras de Pablo a los Corintios:

> En la Escritura, *vocación* significa un estado y un modo de vivir legítimo. Y debido a que este nombre proviene de la palabra *llamar*, eso indica una relación recíproca con Dios, que nos llama a esto o a aquello. Pero podría preguntarse si, aquí, Pablo quiere establecer una obligación y una necesidad. Parece que dice que todo el mundo está obligado a su vocación. Pero no sería demasiado riguroso si no fuera lícito al zapatero aprender otra profesión o a un comerciante, tal vez, meterse en la agricultura comercial. Respondo que ésta no es la intención del apóstol. Él quiere solo corregir la inquietud temeraria que empuja a algunos a cambiar su estado, sin una causa justa.

Calvino estaba, por lo tanto, a favor de una cierta movilidad de los papeles sociales. Para él, la vocación individual era una vocación histórica llena de novedad y progreso. En otro pasaje de sus comentarios sobre el Nuevo Testamento, escribió: "Dios, conforme a las disposiciones y los dones naturales que ha atribuido a cada uno, ordena al hombre esto o aquello, lo ejercita en los negocios o lo hace avanzar en varias posiciones, le da la materia y las oportunidades para actuar con virtud".

Un verdadero y propio *Tratado de las vocaciones* fue escrito por el teólogo calvinista inglés William Perkins y publicado en 1602. En el lenguaje del puritano, la palabra *calling* ("llamado") indica dos cosas: 1) la vocación general de todos los creyentes; 2) la vocación personal o particular que se lleva a cabo en la función pública y en la actividad profesional: "Por medio de la vocación general (*general calling*) —dice Perkins— un hombre es llamado fuera del mundo a ser un hijo de Dios, un miembro de Cristo y un heredero del reino de los cielos". Pero no puede haber vocación general sin vocación particular: "toda persona, de cada grado, estado, sexo o condición, sin excepción, debe tener cualquier vocación personal y particular, en donde pueda caminar".

John Cotton, un discípulo de Perkins, quien se convirtió en uno de los principales teólogos de Nueva Inglaterra, escribió en su tratado *La vía de la vida* (Londres, 1641): "Tan pronto como un hombre comienza a volverse a

Dios y a los caminos de su gracia, no puede detenerse hasta no encontrar una vocación legítima y un empleo". En la primera mitad del siglo XVII los puritanos insistieron en el carácter público de la vocación. "Una vocación legítima —dice Cotton— es aquella en la que no estamos solo para nuestro bien, sino para el bien público". La vocación particular, por lo tanto, debe ser reconocida y aprobada por la comunidad. Pero al mismo tiempo es una razonada elección individual y debe adaptarse a los "talentos" de cada uno. "Todo hombre —escribe Perkins en su tratado— debe elegir una vocación apropiada. [...] Los hombres maduran haciendo la elección de la vocación adecuada cuando intentan, juzgan y se examinan a sí mismos para saber a qué cosas están adecuados y dispuestos y a cuáles no".

Pero este examen racional debe acompañar y controlar toda la conducta de la vida del cristiano. Aquí se ponen de nuevo en evidencia las relaciones entre las formas de la vida religiosa y la práctica social de los hombres nuevos de la burguesía. Como habían transferido a la teología la idea del contrato, los puritanos introdujeron la contabilidad en la disciplina cristiana. El último capítulo del *Tratado de vocaciones* de Perkins intitulado "Una buena declaración", dice: "Los comerciantes, por sus bienes temporales, mantienen en la bodega los libros contables de los ingresos y de los egresos: ¿tal vez no deberíamos hacer lo mismo, y con mucho mayor cuidado, con nuestros bienes espirituales?".

En este cuadro del pintor flamenco Quentin Massys (1466-1530),
un signo del naciente capitalismo: un banquero y su esposa.

Es cierto, observa Perkins, que nuestras cuentas con Dios son muy diferentes de las que se hacen en la economía mundana. De hecho, nuestra deuda con Dios es inextinguible y no puede ser saldada más que por Cristo. Pero solo aquellos que se examinan a sí mismos, diariamente, y que tienen un seguimiento de su contabilidad espiritual, estarán prontos para dar la bienvenida a la gracia divina, que borra la "deuda" de nuestros pecados. Si la regular actividad vocacional es un deber para cualquier cristiano, entonces ahora debemos ser reprendidos por todas las formas de vida ociosa e improductiva. En este punto, la doctrina de la vocación se convierte en una crítica social. Pero esta crítica podía tener acentos y direcciones bastante diferentes.

John Robinson (1575-1625) escribió en sus *Nuevos ensayos religiosos y morales* que, incluso antes de la caída, Dios puso a Adán a trabajar para cultivar el jardín del Edén. Por la voluntad de Dios "ningún miembro de una sociedad humana debe ser inútil". El hombre bien colocado y rico no puede tener una buena conciencia delante de Dios si él trabaja es un hecho accesorio y no toma la mayor parte de su tiempo. "Es una gran bendición cuando Dios le da al hombre la gracia y la sabiduría para cuidar de las cosas en primer lugar, legítimo, y en segundo lugar, rentable [...] Y, al contrario, 'inquieta la inercia' de la vida de los que se ocupan de las cosas que no dan ganancia, y a menudo inquietantes, si ellos y los demás: como el rey de Egipto, que desperdició su dinero y el trabajo del pueblo para construir las pirámides".

Robinson era pastor de una comunidad disidente que había dejado Inglaterra y encontrado refugio en un primer momento en Holanda y que, en 1620, dio vida a la migración de los "peregrinos" en América. Estos exiliados eran en su mayoría personas del pueblo, habían abandonado o vendido sus propiedades y vivido con dificultad en Holanda como trabajadores asalariados. En Robinson, la exaltación religiosa del trabajo se dirige polémicamente en contra de los ricos ociosos y contra las clases dominantes opresivas e improductivas. Pero en el *Tratado de las vocaciones* de Perkins la condena del ocio golpea con dureza a los estratos más bajos y miserables de la población inglesa de la época. Perkins, de hecho, enumera cuatro grupos de personas que escapan a los deberes de la vocación particular. En primer lugar están los mendigos y vagabundos (cuyos) "miembros caídos fuera del cuerpo social [...], que viven como bestias". En segundo lugar vienen los monjes y los frailes. Ellos se engañan a sí mismos para lograr la perfección fuera de sociedad. En tercer lugar deben ser condenados quienes viven de las rentas y "pasan sus días en el comer y en el beber, en los deportes y en los pasatiempos, y no se emplean en el servicio de la iglesia o del Estado". Muchos piensan que estos "señores" (*gentilhuomini*) tienen una vida feliz, pero es un gran error. En cuarto lugar, están los funcionarios que acompañan al noble y no realizan ninguna actividad productiva. Todos ellos viven de una manera contraria a las normas de la vida cristiana y del bien público.

En sus ensayos sobre *Puritanismo y revolución* (1958), Christopher Hill escribió que la doctrina de Perkins expresa las exigencias y los prejuicios de estas clases productivas burguesas. El puritanismo puso abiertamente en cuestión los valores morales de la sociedad noble y señorial. Pero la crisis del antiguo orden económico y social también acrecentaba continuamente la masa de indigentes, vagabundos y mendigos: campesinos pobres expulsados de las tierras de uso común que se habían transformado en pastos privados; sirvientes, quienes pertenecían al séquito de los *gentilhuomini* y que estaban ahora despedidos y se colocaban en el suelo. A este creciente desorden social, los puritanos contrapusieron la disciplina laboral. Pero, porque consideraban la inactividad como un vicio moral, Perkins y muchos otros puritanos apoyaron la ley del Parlamento que trataba a los vagabundos como criminales y los obligaba a trabajar.

La doctrina de la iglesia medieval había subrayado la oposición entre la riqueza y la pobreza. La riqueza era vista como una trampa para la vida cristiana. La pobreza voluntaria era un ideal evangélico. Era practicada por monjes y por frailes de las "órdenes mendicantes", como los franciscanos, aunque también los disidentes, como los valdenses que se llamaban "pobres de Lyon" y "pobres de Lombardía". Por otro lado, la constante presencia de masas miserables favorecieron las obras de caridad de los fieles.

Los calvinistas de los siglos XVI y XVII, y especialmente los puritanos ingleses, pusieron el acento en la oposición entre el ocio y el trabajo, la vida improductiva y la vida productiva. La idea tradicional de la caridad fue rechazada. En cambio, para dar asistencia a los pobres, se les obligó a conservar sus trabajos. No querían distribuir limosnas sino crear nuevos salarios. De este modo, la riqueza ya no se consideraba como un mal, a condición de transformarla en inversión productiva.

2. Protestantismo y capitalismo

En su famoso ensayo sobre *La ética protestante y el espíritu del capitalismo* (publicado en 1904-1905), el sociólogo Max Weber no tenía la intención de demostrar que el capitalismo moderno fuese un producto del protestantismo y de su moral. Ni siquiera estaba de acuerdo con la opinión contraria, sostenida por muchos marxistas hacia finales del siglo XIX, de que las ideas religiosas y morales eran simplemente el reflejo de la estructura económica y de los conflictos de clase. Weber pensaba, más bien, que había una afinidad entre las formas de la religión y de la moral protestante, sobre todo en los siglos XVII y XVIII, y eso era lo que él llamó el "espíritu del capitalismo". Formulada de esta manera, la tesis de Max Weber está menos distante de las precedentes ideas de Marx y de las investigaciones posteriores de los historiadores ingleses de orientación socialista, como R.H. Tawney, y marxistas como Christopher Hill. Pero… ¿en qué consiste la afinidad que existe entre el espíritu del capitalismo y la ética protestante?

Las actividades de los empresarios, como también la de trabajadores asalariados de la moderna industria capitalista, son radicalmente diferentes de las anteriores formas de vida económica. Éstas fueron encuadradas, época tras época, en los ritmos naturales de la producción agrícola y en las costumbres tradicionales. Y se enmarcaban también en las relaciones sociales de dependencia personal (sumisión del individuo al grupo; señorías y servidumbres, etcétera). Al contrario, la empresa capitalista presupone, en primer lugar, la "libre iniciativa" de los propietarios y una muy diferente "libertad" de los trabajadores. Éstos no tienen actividades económicas independientes y, por lo tanto, pueden proporcionar, mediante el pago de un salario, todo su tiempo, toda su fuerza de trabajo. En segundo lugar, la empresa se basa solo en su control racional de los diversos factores productivos, su previsión y su cálculo monetario. Las leyes del mercado (la competencia) imponen a los empresarios la reducción de los costos de producción y la reinversión de las ganancias. Pero el control no es un hecho mecánico. La actividad empresarial requiere una particular mentalidad (eso es lo que Weber llama el "espíritu del capitalismo"), la capacidad de decisión y mando, y un continuo auto-control. El trabajo asalariado, a su vez, se somete a una disciplina rígida y regular, que debe inventar, para los trabajadores, todo un estilo de vida, una mentalidad.

El rostro inhumano del capitalismo:
niños que trabajan en una gran empresa.

Pero hasta la expansión de la Revolución Industrial (en las últimas décadas del siglo XVIII y principios del XIX) el modo de producción capitalista no era en absoluto todavía el predominante. Eso constituía un fuerte obstáculo para el orden social y político del Antiguo Régimen, hostil a una libre circulación de mercancías. También encontró mucha oposición ante una cultura aristocrática habituada a considerar el trabajo productivo como una forma inferior y servil de la actividad humana. En esta situación, los aspectos religiosos y morales de la disciplina y el auto-control tenían una gran importancia para la vida y las luchas de los hombres nuevos del comercio y de la industria. Se volvieron menos importantes cuando las leyes burguesas fueron impuestas con la fuerza del Estado y toda la vida económica y social se organizó en función de los intereses de la propiedad privada y quedó sujeta a las exigencias del capitalismo.

Los protestantes (sobre todo los calvinistas y los sectarios) desarrollaron, en el primer siglo de la era moderna, una nueva moral religiosa. Según Weber, la trasladaron del mundo de la disciplina ascética de las antiguas órdenes monásticas (que se pueden resumir en la frase *ora et labora*, "ora y trabaja", de San Benito de Nursia, el gran organizador del monaquismo occidental de la Edad Media). Weber hizo hincapié en la importancia de la vocación profesional y de la nueva concepción de la pobreza y de la riqueza, de la que ya hemos hablado. De acuerdo con Weber, la doctrina de la predestinación también tuvo que ver con la actitud de desarrollo moral y económico de las pequeñas y medianas burguesías de los países protestantes como Holanda e Inglaterra, donde se desarrolló la industria capitalista.

La doctrina de la predestinación, como se ha dicho en el capítulo anterior, se contrapone radicalmente a la idea de que la gracia divina puede ser administrada y asegurada por la iglesia a través de los sacramentos. Pero si la salvación ya no es garantizada por las obras sacras de los creyentes, éstos deben hacerse por su cuenta la angustiosa pregunta: "¿Estoy en el número de los elegidos?". Weber escribió que entre los calvinistas del siglo XVII se difundió "el sentimiento de una extraordinaria soledad interior del individuo". Las ansiedades y las dudas sobre la salvación recibir como respuesta el auto-control personal, realizado en las regulares actividades vocacionales y en el diario examen de conciencia. Toda la vida de los creyentes fue vista como una tarea única, coherente y continua: "El Dios del calvinismo —dice Weber— no exigió sino una sola buena obra: una santidad de obras elevada a sistema". Con el paso del tiempo la "ganancia" espiritual y el trabajo mundano, la perseverancia moral y el éxito en los negocios, la una y la otra, fueron signo y confirmación de la elección y de la gracia.

Esta moral religiosa correspondía muy bien a las necesidades de una actividad económica racional y métodica, es decir, al "espíritu del capitalismo". Las posiciones de Max Weber fueron defendidas o atacadas por un gran número de historiadores, economistas y sociólogos. La polémica sigue todavía abierta y aquí nosotros solo podemos mencionar algunas cuestiones.

La primera se refiere a los orígenes de la economía capitalista en Europa y a las relaciones entre el desarrollo económico y la religión. Muchos historiadores, incluyendo al inglés H.R. Trevor Roper, el suizo Herbert Lüthy y el francés Fernand Braudel, argumentan que la economía moderna y el "espíritu del capitalismo" no nacieron en Holanda y en Inglaterra, en el siglo XVII, sino que más bien se remontan a las ciudades-Estado burguesas de Italia, a Flandes (ahora el norte de Bélgica) y al sur de Alemania, en los últimos siglos de la Edad Media y a comienzos del siglo XVI. Aquí se desarrolló la cultura del Renacimiento y surgió la nueva ciencia de la naturaleza. Pero, en el momento de la Reforma, la Iglesia Católica logró mantener su poder en estas regiones. Después de mediados del siglo XVI entraron en una grave decadencia económica y cultural. Hubo importantes migraciones de empresarios, de trabajadores de las artesanías y de científicos, hacia las zonas de Europa donde la Reforma Protestante había prevalecido y donde el calvinismo ejercía una fuerte influencia.

Con acentos bastante diferentes, Trevor Roper y Lüthy reconocen que hubo una relación entre religión y desarrollo económico, pero destacan, por encima de todo, la ruptura causada por la Contrarreforma. La Iglesia Católica se transformó definitivamente en un cuerpo burocrático, centralizado y autoritario. Los éxitos de la Contrarreforma se basaron en la alianza entre la iglesia y la monarquía reaccionaria de España. Ésta trató de restablecer en Europa los vínculos de dependencia personal de la señoría y de la corte. Los ideales de la Contrarreforma eran una vuelta al pasado pero el orden restaurado era muy diferente en relación con la anarquía de la sociedad medieval, con sus comunas ricas en actividades comerciales y en los debates políticos. "La Contrarreforma —escribe Lüthy— donde quiera que ha triunfado bajo una forma de reacción autoritaria contra el espíritu de herejía y de rebelión, ha bloqueado durante mucho tiempo el desarrollo de la civilización material, técnica e intelectual".

Por el contrario, la Reforma ginebrina salvó el espíritu de las repúblicas citadinas medievales. Y, en palabras de Trevor Roper, entre las monarquías de la Contrarreforma, por una parte, y los conservadores príncipes luteranos, por el otro lado, "se presentó esa fuerza dinámica de las ciudades que sobrevivieron: la Internacional calvinista". Pero el calvinismo conquistó también las regiones donde no estaban presentes las tradiciones y las fuerzas productivas de la ciudad burguesa. En esos casos no se produjo el desarrollo económico. Al final del siglo XVI, Escocia encontró en el calvinismo una nueva identidad cultural y nacional. Pero dicho país mantuvo una economía tradicional y se abrió a la industria capitalista solo hacia finales de los siglos XVIII y XIX.

Así que, como lo ha escrito Christopher Hill en un ensayo de 1961 que trata de la controversia sobre las ideas de Weber: "El protestantismo no conduce automáticamente al capitalismo [...]. Los hombres no se convierten en capitalistas porque se hacen protestantes y no se hacen protestantes porque son capitalistas". Pero Hill señala los aspectos de la innovación y de la revolución y el carácter masivo de la Reforma Protestante: "El dominio de un sistema doctrinal sobre el espíritu de los hombres tuvo que ser roto antes que el orden político y social santificado por esa doctrina que podría ser impugnada [...] La Reforma movilizó a masas de hombres contra la Iglesia romana y en contra de las autoridades políticas que la protegían".

Y aquí tenemos una segunda pregunta: ¿qué entiende Weber cuando habla de la ética protestante? En su ensayo considera la ética protestante como un sistema coherente; la doctrina calvinista de la predestinación se asocia al "ascetismo en el mundo" típico del protestante, y la idea de la vocación se traduce en la disciplina necesaria para la empresa capitalista. Pero de esta manera Weber no toma suficientemente en cuenta los cambios históricos que se produjeron, en la misma doctrina protestante, desde la época de Calvino hasta el momento de la revolución industrial inglesa. En el siglo XVIII, la ética protestante fue convertida definitivamente en una ideología dominante en los países anglosajones. En ese siglo, sin embargo, la doctrina de la predestinación se había vuelto impopular y ya no tenía mucha influencia. Se le consideró anti-cristiana por el obispo anglicano Robert Clayton, quien, en 1740, pronunció en Irlanda un elocuente sermón titulado "La religión del trabajo", sobre el texto del apóstol Pablo: "El que no trabaja, que tampoco coma".

Se podría decir que la religión del trabajo había sido creada en el siglo precedente por los calvinistas, quienes se consideraban los elegidos de Dios. Pero Weber estaba interesado principalmente en las nuevas formas de actividad económica. Por consiguiente, puso de relieve los elementos psicológicos de la doctrina de la predestinación e insistió en "la soledad interior" de los elegidos. Privilegió, en suma, la conducta privada y económica, y dejó en la sombra los aspectos públicos y políticos del calvinismo y del puritanismo. En contraste con Weber, estos aspectos del calvinismo del siglo XVI y del puritanismo inglés del siglo XVII han sido traídos a la luz por estudiosos de una orientación muy diferente, como Perry Miller y Christopher Hill, Herbert Lüthy y Michael Walzer.

Según Hill, a principios del siglo XVII, la idea de la elección divina no conducía necesariamente a la ansiosa soledad de la que habla Weber. En su biografía de Oliver Cromwell (traducida al italiano en 1977), escribió: "El elegido fue el que pensó que era elegido, porque poseía la fe interior que le hacía sentirse libre, cualesquiera que fuesen las dificultades externas. Y todo el mundo podía reconocerse en ese mismo sentido de liberación; y era, por tanto, natural que aspirara a la libertad de reunirse en la iglesia junto con los otros miembros del pueblo de Dios". Ya hemos visto que, en la "teología del pacto", la idea de la elección divina era, ante todo, una clave de lectura de la historia universal. Era la historia de la alianza entre Dios y su pueblo, en vista de la regeneración del mundo. La vocación de los fieles tenía sentido solamente en este gran marco histórico y colectivo.

En *La revolución de los santos* (1965), Michael Walzer afirma que el calvinismo trajo un espíritu moderno en la política antes que en la vida económica. Los puritanos ingleses crearon por primera vez en la historia moderna una forma de partido político, basado en la adhesión voluntaria a los principios ideológicos y a los programas de reforma de la sociedad. La política era, en el Renacimiento, un arte aristocrático, reservada al príncipe. Con el puritanismo, se convirtió en un hecho colectivo y un movimiento organizado desde abajo.

Las cosas cambiaron, en Inglaterra, en el momento de la Restauración y de la segunda revolución. La política volvió a ser un arte reservado a unos pocos privilegiados, caballeros o grandes burgueses. Los disidentes religiosos fueron puestos al margen de la vida pública. Su vocación podía ahora ejercitarse en un solo campo: el de la profesión privada y de la empresa económica. La ética protestante del siglo XVIII correspondió definitivamente al nuevo orden de la sociedad. Pero fue una herencia disminuida en más de la mitad de los ideales que habían guiado, un siglo antes, a los militantes del movimiento internacional calvinista y la revolución puritana.

Eyn Sermon gepzediget vom
Pawren zů Werdt/bey Nurmberg/am
Sontag voz Fasnacht/võ
dem freyen willen
des Menn-
schen.

Un sermón sobre el libre albedrío, predicado por los agricultores
de la zona de Nuremberg.

EPÍLOGO
El pasado en el presente

La principal novedad de la ética protestante no consiste en las normas de una ética profesional. Así como ocurrió en el caso de la política, la vida moral fue concebida como un "trabajo" continuo y unitario que el ser humano está llamado a cumplir sobre sí mismo y sobre el mundo. El protestantismo contribuyó a transformar las maneras para definir la propia identidad. Esta identidad ya no aparecía legada, como en la Edad Media, a los datos de la familia, del grupo social, del lugar, de las relaciones de dependencia personal. Desde el punto de vista del llamado divino, ya no puedo identificarme *con lo que soy ahora*, sino con aquello *en lo que me convertiré*. Lo que está dentro de mí, forma parte del pasado, del "viejo hombre". El sentido de la vida radica en la conversión y en la formación del "nuevo hombre".

Este punto de vista se expresó no solo en los sermones y en los libros de teología, sino también en las historias personales, en las autobiografías y en las novelas. Uno de los libros que obtuvo una mayor difusión y éxito en Inglaterra y en la Nueva Inglaterra en los siglos XVII y XVIII fue *El progreso del peregrino*. El autor, John Bunyan (1628-1688), fue un plomero que se convirtió en un libre predicador bautista y, por eso, fue encarcelado durante 12 años en la época de la Restauración. El libro de Bunyan no es un tratado de teología o de moral, sino la historia imaginaria de un personaje (*Cristiano*) que afronta todo tipo de oposición exterior, así como de pruebas interiores, para seguir su llamado.

Pero la idea de la conversión y de la laboriosa reconstrucción estan bien presentes en la más famosa novela del siglo XVIII, *La vida y las extraordinarias, sorprendentes aventuras de Robinson Crusoe*, de Daniel Defoe, publicado en 1719. A finales del siglo XVIII se tradujeron estas ideas en conceptos, ya no religiosos sino laicos, del gran filósofo alemán Emmanuel Kant (1724-1804) y Johann Gottlieb Fichte (1762-1814). Tanto Kant como Fichte consideran la vida moral como un conflicto y una tarea interminable, en el que el ser humano forma su ser y el mundo. El supremo principio moral fue expresado por Kant en la palabra "autonomía", que significa "darnos la ley a nosotros mismos". El ser humano alcanza su identidad universal cuando se impone libremente a sí mismo las leyes igualmente válidas para todo ser racional. Kant y Fichte eran ambos protestantes, por lo que entraron en conflicto con la teología oficial y sufrieron censura y amenazas por parte de los fanáticos gobernantes luteranos.

A principios del siglo XX, el historiador y filósofo Ernst Troeltsch argumentó, en cambio, que, con la filosofía idealista, el protestantismo se había realmente convertido en "la religión del mundo moderno". Lo que con Troeltsch apareció como la culminación del pensamiento occidental fue visto por los marxistas como una forma de conciencia de clase: en otras palabras, como el punto de vista de la burguesía. El sujeto moral y la autonomía de Kant, y la doctrina de la libertad de Fichte; aparecieron así como las expresiones más maduras de la ideología liberal y de sus contradicciones internas.

Marx, sin embargo, no creía que la lucha de las ideas era dirigida solo contra un enemigo externo. Como hemos visto en las primeras páginas de este libro, en el mismo momento en que reconoció el caracter "burgués" de la Reforma luterana, Marx añadió: "Si el protestantismo no era la verdadera solución, sin embargo, fue un ajuste del problema". Incluso se podría decir que las revoluciones burguesas han abierto, sin resolverlo, el problema de la autonomía, de la libertad y del carácter laico del pensamiento humanos y de la democracia.

Antonio Gramsci, líder de los comunistas italianos, veía una analogía entre la acción revolucionaria del proletariado en el mundo moderno y la gran movilización popular promovida por la Reforma en el siglo XVI.

Tras los grandes dirigentes del movimiento obrero, Antonio Gramsci (1891-1937) es quizá quien con más fuerza ha hecho hincapié en la continuidad histórica de las revoluciones modernas. En los *Cuadernos de la cárcel* escribió que "la filosofía de la praxis" (es decir, el marxismo) "corresponde al nexo de la Reforma Protestante y luego de la Revolución francesa: es una filosofía que también es una política y una política que también es una filosofía". Gramsci no se refiere simplemente a las ideas de la Reforma y de la Revolución Francesa, sino a la relación entre la teoría y la práctica, [a la relación] entre los intelectuales y las masas. El Renacimiento ha elaborado nuevas ideas y eso que Gramsci llama una "cultura superior". Pero, como ya lo había observado el filósofo liberal Benedetto Croce (1866-1952), el Renacimiento ha mantenido un movimiento aristocrático, que no penetró entre la gente. Por el contrario, dice Gramsci, "la Reforma luterana y el calvinismo suscitaron un gran movimiento popular nacional".

Por lo tanto, Gramsci vió una analogía entre la revolución cultural de la Reforma y la acción del movimiento obrero lidereado por los comunistas. No pensaba que podría haber "una nueva edición italiana del calvinismo", pero define las tareas del partido con las palabras "reforma intelectual y moral", capaz de llegar a grandes masas del pueblo. Gramsci escribió estas notas en 1933. Posteriormente, más de 30 años después, Herbert Lüthy, un historiador de orientación democrática, ha subrayado una vez más la continuidad de la "lucha de ideas" en el mundo moderno. De Calvino al filósofo ginebrino Jean-Jacques Rousseau (1712-1778), pasando por la Revolución Francesa; vió este hilo conductor: "El examen riguroso, que se somete a cualquier incesante orden jerárquico en el nombre de una declaración de igualdad, que era sobre todo un postulado teológico y que [...] se ha alimentado y sigue alimentando todas las revoluciones contra todos los ordenes constituidos".

La ruta de Calvino a Rousseau no fue solo una acontecimiento del pasado. De hecho, Lüthy ha llamado su libro *El pasado presente*. Dice que la historia de las revoluciones "es más reciente de lo que se piensa: es el movimiento que, en el fondo, define a la edad moderna". El movimiento protestante luchó, en diferentes formas y con frecuentes contrastes, en contra de la separación de la vida religiosa de la vida común. Planteó que la predicación y la fe están en el centro de la actividad cotidiana de los laicos. Contrapuso a los ritos y a las obras sagradas el deber de la vocacion pública y productiva. Muchos estudiosos afirman que, por esta razón, la protestantismo favoreció la "secularización" de la religión cristiana y el declive de lo sagrado en la vida moderna, aunque de esta manera se va a terminar olvidando que la Reforma fue, ante todo, un movimiento religioso.

Es cierto que las consecuencias políticas y morales de la Reforma Protestante están más cerca de nosotros y son menos extrañas que las ideas teológicas que han guíado este movimiento. Pero se dice que esas ideas son impenetrables y para nosotros están privadas de sentido. En los libros del Antiguo Testamento y el Nuevo Testamento, de donde los reformadores sacaron gran parte de sus puntos de vista, la Palabra de Dios es siempre el anuncio de que la historia del mundo tiene una dirección y un sentido. Esta visión de la historia fue extremadamente dramática en el tiempo de la Reforma. Los reformadores redescubrieron el hecho de que, en el centro mismo de la vida religiosa, hay una contradicción y una inversión radicales. Cuando los seres humanos piensan estar más cerca de Dios, y están seguros de que Dios está presente y es servicial, justo en ese momento están completamente más lejos de la Palabra de Dios. La institución sagrada, que es aparentemente la culminación de la religión, se vuelca en el reino del Anticristo, pero el verdadero significado de este drama histórico-teológico no está en la desviación en la iglesia, sino más bien en el hecho de que, como lo decía Lutero, la Palabra de Dios no puede ser menos, sino que quiere cambiar el mundo.

Esta visión de las contradicciones y de la antítesis de la vida religiosa era el centro de la reflexión protestante fue restablecida, en un clima cultural diferente, incluso por Emmanuel Kant. En 1793 expuso su interpretación personal del cristianismo en *La religión dentro de los límites de la razón*. A diferencia de otros filósofos del "siglo de las luces", Kant conservó la idea de una "Iglesia". Esta es la comunidad ética, que no se identifica con el Estado y que intenta realizar libremente los principios fundamentales de la moral (la independencia de que ya se ha mencionado). La iglesia se llama el "buen comienzo" que está personificado en el Maestro del Evangelio. Pero el carácter de la comunidad ética aparece completamente boca abajo convertido en "falsa adoración a Dios". Aquí, en lugar de conducta moral se colocan los "estatutos" religiosos. Para obtener el favor de Dios, el ser humano debe aceptar creencias y dogmas, además de practicar los ritos externos. La falsa iglesia se refiere por siempre al buen principio (Cristo), pero ha sido convertida en instrumento de dominación por parte de los sacerdotes.

Kant era un liberal, y en 1789 había acogido con entusiasmo la noticia de la gran Revolución de Francia. Murió a principios del siglo XIX. En aquel siglo, a pesar de la carnicería de las guerras napoleónicas, la historia parecía estar dominada por una ley necesaria de progreso. Y el mundo occidental se puso en el centro y como culminación de la evolución de la civilización humana.

Nosotros vivimos en un tiempo en el que el creciente control de los seres humanos está cotidianamente a punto de volcarse en su contrario: la autodestrucción. Nada nos prohíbe decir, una vez más, que la historia tiene un sentido y que dicho sentido se encuentra en las experiencias y en las tareas de liberación de los seres humanos. Pero este sentido no ya aparece más garantizado por una ley necesaria de la historia. En realidad, los peligros más graves para la liberación y, al mismo tiempo, la supervivencia de la especie humana, se manifiestan hoy mismo en las más avanzadas oficinas del progreso económico y civil.

En esta situación no es tal vez menos difícil entender las "iluminaciones" y las dudas religiosas, la fe y las terribles contradicciones de los hombres que, en los primeros siglos de la era moderna, vivieron los conflictos de la Reforma.

Lucas Cranach el Viejo, Martín Lutero como *Junker Jörg* (1522).

APÉNDICE
Herejías medievales

En la Edad Media se desarrollaron repetidamente movimientos de disensión y crítica en confrontación con la iglesia. Las "herejías" (palabra griega que significa "elección") tenían en común el rechazo, más o menos radical y explícito, de la autoridad de la Iglesia. Pero las posiciones de los herejes eran muy diferentes. En algunos casos se les negó que creyeran en algunos elementos centrales de la doctrina de la iglesia, formulada en los grandes concilios (asambleas de obispos) de los siglos IV y V. Estos concilios habían definido el credo cristiano y, en particular, la doctrina de la Trinidad y de la Encarnación.

Jan Hus, el famoso reformador bohemio, quemado en la hoguera
(ilustración de la *Spiezer Chronik* de Diebold Schilling, el Viejo, 1485).

Los "cátaros" (que se difundieron principalmente en Francia meridional y en Italia del siglo XI al XIII), por ejemplo, consideraban a Cristo como un mensajero divino que no había sido contaminado por el cuerpo humano. Pero, en muchos casos, los herejes ponían en cuestión únicamente la práctica y la organización jerárquica de la iglesia.

Los custro jinetes del Apocalipsis (1496-1498), Alberto Durero,
una imagen del espíritu que animó a los herejes, a la espera de un "fin del mundo"
que sanaran los terribles pecados de la humanidad. Los dos primeros jinetes
de la derecha simbolizan la guerra; el del centro anuncia el hambre;
el cuarto es el símbolo de la muerte.

A partir del siglo XI, el ideal de pobreza evangélica se opuso con frecuencia al poder mundano del clero. A finales del siglo XII y a comienzos del siglo XIII, estas actitudes se extendieron especialmente entre las comunas libres de Europa meridional y dieron a luz a movimientos compuestos y dirigidos por laicos, a menudo provenientes de la clase de los comerciantes, como Pedro Valdo de Lyon (hacia 1175) y Francisco de Asís (1182-1226). La iglesia buscó disciplinar y canalizar estos movimientos favoreciendo la fundación de nuevas órdenes religiosas. Esto sucedió en el caso de los franciscanos. Los seguidores de Valdo reivindicaban no solo la pobreza evangélica sino también el derecho de los laicos (e incluso las mujeres) de predicar libremente. Cuando se negaron a someterse a los obispos fueron condenados como herejes por el Concilio de Verona, en 1184. En el siglo XIII el movimiento valdense tuvo sus principales centros de expansión y de organización en las comunas del norte de Italia (Bérgamo, Milán, Piacenza, etcétera). Estos "pobres de Lombardía" desarrollaron una red de comunidades clandestinas en toda Europa. Los valdenses se referían a sí mismos como los "fieles que rechazan la donación de Constantino" (es decir, el poder temporal de la iglesia).

Mientras que los "valdenses" del siglo XIII eran laicos, pero en su mayoría carentes de una cultura superior, en el siglo siguiente los más importantes movimientos de disidencia tuvieron en su lugar a clérigos y teólogos que habían estudiado en las universidades, como el inglés John Wyclif (o Wycliffe, muerto en 1384) y el bohemio Jan Hus; y Jerónimo de Praga, condenados por el Concilio de Constanza y mandados a la hoguera entre 1415 y 1416. Pero el movimiento husita sobrevivió a la muerte de sus promotores, vinculándose con la red internacional de los valdenses, y en Bohemia y Moravia, tuvo éxito al organizarse públicamente, hasta el advenimiento de la Reforma Protestante.

Las iglesias de la Reforma

Las iglesias surgidas en la época de la Reforma Protestante y en los sucesivos movimientos y renacimientos religiosos constituyen una parte significativa del mundo cristiano de hoy. Geográficamente se localizan principalmente en el norte de Europa (Inglaterra y Escocia, Holanda, Suiza, Alemania y los países escandinavos), América del Norte (Estados Unidos y Canadá), Australia y Nueva Zelanda, América del Sur (Brasil, Chile), aunque también están en toda África (desde el sur del Sahara) y en las islas de Oceanía, donde las misiones del siglo XIX dieron a luz a iglesias, hoy autónomas y a nuevas movimientos evangélicos.

En el siglo XX se han ampliado en gran medida los movimientos eclesiales de claro origen protestante, cuya teología está fundada en los principios básicos de la Reforma: entre ellos están particularmente los Adventistas del Séptimo Día y los pentecostales, a quienes se debe el crecimiento de la iglesia evangélica en China (60 millones de creyentes en 2013). El "universo protestante" reúne, hoy, a aproximadamente 750 millones de adherentes, de los cuales 400 millones son pentecostales, 30 millones adventistas y 300 millones de adherentes (activos o pasivos) de "las iglesias históricas" (luteranos, reformados —es decir, calvinistas—, bautistas y metodistas). La "Comunión Anglicana" (80 millones de miembros) ocupa una posición intermedia entre el catolicismo y el protestantismo: se ha difundido sobre todo en países de habla inglesa (incluyendo el Africa meridional).

Son miembros de iglesias protestantes Barack Obama (Iglesia Unida de Cristo) y Nelson Mandela (metodista); el pastor luterano Joachim Gauck, presidente de la República Federal de Alemania y Angela Merkel (canciller desde 2005); el secretario general de la Organización de las Naciones Unidas, el coreano Ban Ki-Moon (reformado). Martin Luther King fue un pastor bautista. Son también protestantes los expresidentes estadunidenses Jimmy Carter (1977-1981) y Bill Clinton (1993-2001).

El "universo protestante" está presente en Italia a través de la antigua Iglesia Valdense (ahora unida con la comunidad metodista), la Iglesia Evangélica Luterana en Italia (Celi), la Unión Cristiana Evangélica

Bautista de Italia (UCEBI), la "Asamblea de los Hermanos", la Unión Italiana Iglesias Cristianas Adventistas del Séptimo Día, y un amplio movimiento pentecostal, cuya agrupación más consistente tomó el nombre de las Asambleas de Dios en Italia. En total, el mundo evangélico italiano reúne a más de 500 mil personas con una fuerte presencia de inmigrantes evangélicos, en particular de Filipinas, Corea del Sur, África subsahariana y América del Sur.

Durante la Resistencia no pocos evangélicos se enrolaron en la lucha por la libertad. Mencionaremos solo a algunos: Antonio Banfo (Asambleas de Hermanos), Fredy Benyr (luterano), Pablo Casanova (bautista), Fidardo de Simone (pentecostal), William Jervis (valdense), Jacopo Lombardini (metodista). Desde 1967 existe la Federación de Iglesias Evangélicas en Italia (FCEI), en la que participan plenamente los valdeses, metodistas, bautistas, luteranos y el Ejército de Salvación, y colaboran con otras iglesias y movimientos.

A nivel europeo, existe desde 1973 una Concordia de Leuenberg entre luteranos y reformados que forma parte de la Comunión de Iglesias Protestantes en Europa, cuyos miembros son casi todos luteranos, metodistas y están todos los reformados.

A nivel mundial, las diferencias entre los distintos grupos de iglesias protestantes históricas (luterana, reformada, bautista, metodista, etcétera) se han atenuado con el desarrollo, en el siglo XX, del "movimiento ecuménico". Este movimiento no solo fue promovido por los protestantes sino también por la Iglesia Anglicana y las iglesias orientales (las iglesias Ortodoxa Griega, Rusa, Rumana, y las antiguas comunidades cristianas de Oriente Medio, de India y Etiopía). En 1948 se fundó el Consejo Mundial de Iglesias (CMI), cuya sede central se encuentra en Ginebra. El Consejo no es un órgano de gobierno, sino un centro permanente de coordinación y de colaboración. Los miembros de su comité central son electos en las asambleas mundiales de todas las iglesias participantes (las últimas reuniones se celebraron en 2006 en Porto Alegre, Brasil, y en 2013 en Busan, Corea del Sur). No forman parte del CMI la Iglesia Católica, ni los nuevos movimientos evangélicos que hemos mencionado anteriormente. Hay, sin embargo, toda una red de relaciones interreligiosas que dan esperanza para el futuro, incluyendo un interesante diálogo teológico.

Alrededor de la mesa, donde se encuentra el simbólico candelabro,
se reconoce a los protagonistas de la Reforma. En el centro, Martín Lutero
y Juan Calvino, entre ellos Girolamo Zanchi; el segundo de la izquierda
es Pedro Mártir Vermigli, reformador italiano
(Grabado en cobre de H. Bergius Nardenus, siglo XVII).

LECTURAS PARA PROFUNDIZAR

Adaptación: Leopoldo Cervantes-Ortiz

Sobre la Reforma Protestante

Alberigo, Giuseppe, *La Reforma Protestante: Lutero, Melancton, Zwinglio, Calvino, Vergerio, Ochino, Sozzini*. México, UTEHA, 1981.

Baubérot, Jean, *Historia del protestantismo*. Trad. de Javier Sicilia. México, Maica Libreros Editores, 2008.

Castellote, Salvador, *Reformas y Contrarreformas en la Europa del siglo XVI*. Madrid, Akal, 1997 (Historia del pensamiento y la cultura, 23).

Cerni, Ricardo, *Historia del protestantismo*. Edimburgo, EDV, 1995.

Chaunu, Pierre, ed., *The Reformation*. Gloucester, Alan Sutton, 1989.

Collinson, Patrick, *La Reforma*. Barcelona, Debate, 2004.

Delumeau, Jean, *La Reforma*. Barcelona, Labor, 1973.

Egido, Teófanes, *Las claves de la Reforma y la Contrarreforma*. Barcelona, Planeta, 1991 (Las claves de la historia, 16).

_____, *Las reformas protestantes*. Madrid, Síntesis, 1993 (Historia universal moderna, 2).

Elton, G.R., *La Europa de la Reforma: 1517-1559*. México, Siglo XXI, 1987.

Fisher, J.P., *Historia de la Reforma*. Terrassa, CLIE, 1984.

González, Justo L., *La era de los reformadores*. Miami, Caribe, 1980.

_____, *Historia de la Reforma*. Miami, Logoi-Unilit, 2003.

Gutiérrez Marín, Manuel, *La Reforma Protestante: un mensaje actual*. Madrid, IEE, 1972.

Janaceck, Josef, *La Reforma*. La Habana, Departamento de Orientación Revolucionaria del Comité Central del Partido Comunista de Cuba, 1977.

Kasper, Walter, *et al.*, eds., *Diccionario enciclopédico de la época de la Reforma*. Barcelona, Herder, 2005.

Léonard, Émile G., *Historia general del protestantismo*. 4 tomos. Madrid, Península, 1967.

_____, *Historia del protestantismo*. México, Diana, 1967.

Lindsay, Tomás, *Historia de la Reforma*. 2 tomos. Buenos Aires-México, La Aurora-CUPSA, 1959. Nueva edición: *La Reforma y su desarrollo social*. Terrassa, CLIE, 1986.

Lortz, Joseph, *Historia de la Reforma*. 2 vols. Madrid, Taurus, 1963.

Lutz, Heinrich, *Reforma y Contrarreforma. Europa entre 1520 y 1648*. Madrid, Alianza Editorial, 1992 (Alianza universidad,).

Nieto, José C., *El Renacimiento y la otra España. Visión cultural socioespiritual*. Ginebra, Droz, 1997.

Opocensky, Milan, ed., *Towards a renewed dialogue. The First and second Reformations*. Ginebra, Alianza Reformada Mundial, 1996 (Estudios, 30).

Ortega y Medina, Juan A., *Reforma y modernidad*. [1952] Ed. de Alicia Mayer. México, UNAM-Facultad de Filosofía y Letras, 1999.

Sobre Lutero

Altmann, Walter, *Confrontación y liberación: una perspectiva latinoamericana sobre Martín Lutero*. Buenos Aires, ISEDET, 1987.

Atkinson, James, *Lutero y el nacimiento del protestantismo*. Madrid, Alianza Editorial, 1980.

Bainton, Roland H., *Martín Lutero*. México, Casa Unida de Publicaciones, 1983.

Boff, Leonardo, "Lutero entre la Reforma y la liberación", en *revista Latinoamericana de Teología*, núm. 1, enero-abril de 1984, pp. 83-101, *http://www.redicces.org.sv/jspui/bitstream/10972/997/1/RLT-1984-001-C.pdf*.

Cassese, Giacomo, ¿Qué quiso decir Lutero? Conceptos esenciales. Saint Louis, Concordia, 2014.

Delumeau, Jean, *El caso Lutero*. Barcelona, Caralt, 1988.

Devesa del Prado, Agustín, *Lutero (1483-1546)*. Madrid, Ediciones del Orto, 1998 (Biblioteca filosófica).

Febvre, Lucien, *Martín Lutero: un destino*. México, Fondo de Cultura Económica, 1956.

Feliú, Ricardo V., *Lutero en España y en la América Española: fisonomía moral del fundador del protestantismo*. Santander, Librería S. T., 1956.

Fitzer, Gottfried, *Lo que verdaderamente dijo Lutero*. Madrid, Aguilar, 1972.

Fliedner, Federico, *Martín Lutero: su vida y su obra*. CLIE, 1983.

García, Alberto L. y Rubén D. Domínguez, *Introducción a la vida y teología de Martín Lutero*. Nashville, Abingdon Press, 2008.

García-Villoslada, Ricardo, *Martín Lutero. I. El fraile hambriento de Dios*. Salamanca, Sígueme,

_____, *Martín Lutero. II. En lucha contra Roma*. Salamanca, Sígueme,

Hernández Ramírez, Miguel Ángel, *La tipografía, el diseño y los grabados de la Biblia de Lutero de 1534: identificación, análisis y catalogación de los recursos visuales y editoriales empleados en un libro antiguo*. Tesis de Maestría en Diseño y Comunicación Visual. México, UNAM, 2015, http://132.248.9.195/ptd2015/junio/092362765/Index.html.

Hoffmann, Martin, *La locura de la cruz. La teología de Martín Lutero. Textos originales e interpretaciones*. San José, Departamento Ecuménico de Investigaciones, 2014.

Lilje, Hans, *Lutero*. Barcelona, Salvat, 1986 (Biblioteca Salvat de grandes biografías, 77).

Macín, Raúl, *Lutero: presencia religiosa y política en México*, México, Nuevomar, 1983.

Maritain, Jacques, *Tres reformadores: Lutero, Descartes, Rousseau*. Madrid, Biblioteca Nueva, 2011.

Martín Lutero (1483-1983). Jornadas Hispano-Alemanas sobre la personalidad y la obra de Martín Lutero en el V Centenario de su nacimiento. Salamanca, 9-12 de noviembre de 1983. Valladolid, Instituto Superior de Filosofía-Fundación Friedrich Ebert, 1984.

Mayer, Alicia, *Lutero en el Paraíso. La Nueva España en el espejo del reformador alemán*. México, Fondo de Cultura Económica, 2008.

_____, "Lutero y Alemania en la conciencia novohispana", en Horst Pietschmann, *et al.*, eds., *Alemania y México: percepciones mutuas en impresos, siglos XVI-XVIII*. México, Universidad Iberoamericana, 2005, pp. 201-218.

Moreno, Alfonso María, *Martín Lutero: historia de una rebeldía*. Bilbao, Mensajero, 1985.

Nohl, Frederick, *Lutero: biografía de un reformador*. Saint Louis, Concordia, 2005.

Oberman, Heiko, *Lutero: un hombre entre Dios y el diablo*. Madrid, Alianza Editorial, 1992 (Alianza universidad, 730).

O'Neill, Judith. *Martín Lutero*. Akal Ediciones, 1991.

Pérez Martínez, Herón, "Misiva de Martín Lutero sobre el arte de traducir", en *Relaciones. Estudios de historia y sociedad*, Zamora, México, El Colegio de Michoacán, vol. XXXV, núm. 138, 2014, pp. 153-178, http://www.redalyc.org/articulo.oa?id=13731369006.

Pless, John T., *Martín Lutero: predicador de la cruz*. Saint Louis, Concordia, 2016.

Rooy, Sidney, *Lutero y la misión. Teología y práctica de la misión en Martín Lutero*. Saint Louis, Concordia, 2005.

Schmidt, Peer, "El protestante. Martín Lutero, el luteranismo y el mundo germánico en el pensamiento e imaginario españoles de la época moderna", en Xosé M. Núñez Seixas y Francisco Sevillano Calero, coords., *Los enemigos de España: imagen del otro, conflictos bélicos y disputas nacionales (siglos XVI-XX). Actas del IV Coloquio Internacional de Historia Política, 5-6 de junio de 2008*, pp. 53-75.

Tomlin, Graham, *Lutero y su mundo*. Madrid, San Pablo, 2007.

Varios autores, *Lutero: ayer y hoy*. Buenos Aires, La Aurora, 1984.

Vidal, César, *El caso Lutero*. Madrid, EDAF, 2008.

Escritos de Lutero

Abellán, Joaquín, est. prel. y trad., *Escritos políticos*. Madrid, Tecnos, 1986 (Clásicos del pensamiento, 17).

Cassese, Giacomo y Eliseo Pérez Álvarez, eds., *Lutero al habla. Antología*. México, El Faro-AETH-Lutheran School of Theology at Chicago-Centro Basilea de Investigación y Apoyo-centro Luterano de Formación Teológica-Instituto Cultural y Asistencial Bethesda, 2005.

Comentarios de Martín Lutero. Vols. 1-8. Terrassa, CLIE, 1998-2003.

Egido, Teófanes, ed., *Obras*. Salamanca, Sígueme, 1977.

Escritos sobre la educación y la iglesia. Saint Louis, Concordia Publishing House, 2011.

Escritos sobre la ética cristiana. Saint Louis, Concordia Publishing House, 2011.

Intérprete bíblico. Hermenéutica y exégesis. Saint Louis, Concordia Publishing House, 2008.

Leyendo los Salmos con Lutero. Saint Louis, Concordia Publishing House, 2008.

Segundo comentario a Gálatas. Saint Louis, Concordia Publishing House, 2009.

Sermones. Saint Louis, Concordia Publishing House, 2007.

Sermones para Semana Santa. Saint Louis, Concordia Publishing House, 2006.

Obras de Martín Lutero. 9 tomos. Buenos Aires, Paidós, 1967-1976. El Escudo-La Aurora, 1977-1983.

La voluntad determinada. Refutación a Erasmo. Saint Louis, Concordia Publishing House, 2006.

Sobre Zwinglio

Gutiérrez Marín, Manuel, ed., *Antología*. Barcelona, Producciones Editoriales del Nordeste, 1973.

Beros, Daniel y René Krüger, trad. y ed., *Ulrico Zwinglio. Una antología*. Buenos Aires, La Aurora-ISEDET, 2006.

Sobre Müntzer

Bloch, Ernst, *Thomas Müntzer, teólogo de la revolución*. Madrid, Ciencia Nueva, 1968.

Müntzer, T., *Tratados y sermones*. Lluís Duch, ed. y trad. Madrid, Trotta, 2001.

Sobre la reforma radical

Bainton, Roland H., *Actitudes cristianas ante la guerra y la paz*, Madrid, Tecnos, 1963.

Domínguez, Javier, *Movimientos colectivistas y proféticos en la historia de la Iglesia*. Bilbao, Mensajero, 1970.

Driver, Juan, *Una historia de la Iglesia desde la perspectiva de la Iglesia de creyentes*. Madrid, Literatura Evangélica, 1978.

_____, *Contracorriente. Ensayos sobre la eclesiología radical*. Guatemala, Semilla-CLARA, 1994.

Durnbaugh, Donald F., *La Iglesia de creyentes. Historia y carácter del protestantismo radical*. Guatemala, Semilla-CLARA, 1992.

_____, "The First and Radical Reformations and their relations with the Magisterial Reformation", en M. Opocensky, *Towards a renewed dialogue*, pp. 8-29.

Williams, George, *La Reforma radical*. México, Fondo de Cultura Económica, 1983.

John H. Yoder, *Textos escogidos de la Reforma Radical*. Buenos Aires, La Aurora, 1974.

Sobre el anabautismo

Bender, Harold S. y John Horsch, *Menno Simons. Su vida y escritos*. Scottdale, Herald, 1979.

Estep, William R., *Revolucionarios del siglo XVI. Historia de los anabautistas*. El Paso, Casa Bautista de Publicaciones, 1975.

_____, *La historia de los anabaptistas*. Lamp & Light Publishers, 2008.

Hoover, Peter, *El secreto de la fuerza: ¿Qué les dirían los anabaptistas del siglo XVI a los cristianos actuales?* Create Space Independent Publishing Platform, 2015.

Klassen, Walter, *Entre la Iglesia del Estado y la religión civil*. Guatemala, Semilla, 1988.

_____, ed., *Selecciones teológicas anabautistas. Fuentes primarias seleccionadas*. Scottdale, Herald, 1985.

Stoll, Joseph, *Fuego en las colinas de Zurich*. Farmington, Lámpara y Luz, 1986.

Wenger, John Christian, *Compendio de historia y doctrina menonitas*. Buenos Aires, La Aurora-Herald, 1960.

Witmer, Dalias, *La fe por la cual vale morir*. Farmington, Lámpara y Luz, 1989.

Sobre Calvino

Cottret, Bernard, *Calvino: la fortaleza y la debilidad*. Madrid, Editorial Complutense, 2002.

Crouzet, Denis, *Calvino*. Barcelona, Ariel, 2000.

Ganoczy, Alexandre, *The young Calvin*. [1966] Philadelphia, Westminster, 1987.

Gomis, Joan, *Calvino: una vida por la Reforma*. Barcelona, Planeta, 1996.

Halsema, Thea van, *Así fue Calvino*. Grand Rapids, TELL, 1977.

Irwin, C.H., *Juan Calvino. Su vida y su obra*. México, Casa Unida de Publicaciones, 1981.

Tourn Giorgio, *Juan Calvino: el reformador de Ginebra*. Trad. de Luis Vázquez Buenfil. Barcelona, CLIE, 2016.

Obras de Calvino

Institución de la Religión Cristiana. 2 t. [1968] Trad. de Cipriano de Valera. Rijswijk, Fundación Editorial de Literatura Reformada, 1981. Nueva edición: Buenos Aires-Grand Rapids, Nueva Creación-Eerdmans, 1991.

Institución de la Religión Cristiana. 2 t. Madrid, Visor, 2003.

Catecismo de Ginebra publicado en español por primera vez el año 1550. Ed. facsimilar. Madrid, Fliedner Ediciones, 2016.

Respuesta al cardenal Sadoleto. 4ª ed. Rijswijk, Fundación Editorial de Literatura Reformada, 1990.

El libro de oro de la verdadera vida cristiana. Terrassa, CLIE, 1991.

La predestinación y la Providencia de Dios. San José, Confraternidad Latinoamericana de Iglesias Reformadas-Sola Scriptura, 2008.

La necesidad de reformar la iglesia. Trad. de Joel Chairez. Edmonton, Landmark Project, 2007.

Gutiérrez Marín, Manuel, *Calvino. Antología*. Barcelona, Publicaciones Evangélicas del Noreste, 1971.

Selderhuis, Hermann ed., *Calvini Opera Database* 1.0, DVD, Apeldoorn, Instituut voor Reformatieonderzoek, 2005.

Sobre la Reforma en Italia

Nieto, José C., *Juan de Valdés y los orígenes de la Reforma en España e Italia*. Fondo de Cultura Económica, 1979.

Comba, Ernesto, *Historia de los valdenses*. Terrassa, CLIE, 1987.

Molnár, Amedeo, *Historia del valdismo medieval*. Buenos Aires, La Aurora, 1981.

Tourn, Giorgio, *Los valdenses. El singular acontecer histórico de un pueblo-iglesia (1170-1980)*. 3 t., *1: Una diáspora disidente (1170-1530)*; *2: El puesto de avanzada protestante (1530-1700)*; *3: El ghetto alpino (1700-1848)* y *Hacia una nueva diáspora (1848-1976)*, Colonia, Uruguay, Iglesia Valdense, 1983.

Tron, Ernesto, *Historia de los valdenses*. Montevideo, El Siglo Ilustrado, 1941.

Sobre la Reforma en Inglaterra

Duchein, Michel, *Isabel I de Inglaterra*. Barcelona, J. Vergara Editor, 1994.

González, Justo L., *Historia del cristianismo. Tomo 2. Desde la era de la reforma hasta la era inconclusa*. Miami, Unilit, 1994, pp. 79-91.

Neill, Stephen, *El anglicanismo*. Madrid, IERE, 1986.

Sobre calvinismo y política

Adrián Lara, Laura, *Dialéctica y calvinismo: una reflexión desde la teoría política*. kMadrid, Centro de Estudios Políticos y Constitucionales, 2015.

Biéler, André, *El humanismo social de Calvino*. [1960] Buenos Aires, Escaton, 1973.

_____, *Calvino, profeta de la era industrial*. [1964] Trad. de Luis Vázquez Buenfil. Posfacio de Edward Dommen. México, Casa Unida de Publicaciones, 2015.

García Alonso, Marta, *La teología política de Calvino*. Madrid, Anthropos, 2008.

_____, trad., ed. y estudio prel. *Juan Calvino. Textos políticos*. Madrid, Tecnos, 2016.

Huesbe Llanos, Marco y Patricio Carvajal Aravena, *Martín Lutero y Juan Calvino: los fundamentos políticos de la modernidad*. Valparaíso, Ediciones Universitarias de Valparaíso, 2003.

Kofler, Leo, "La función social del calvinismo", en *Contribución a la historia de la sociedad burguesa*. Buenos Aires, Amorrortu, 1974, pp. 238-249.

La ética protestante y el espíritu del constitucionalismo: la impronta calvinista del constitucionalismo norteamericano. Bogotá, Universidad Externado de Colombia, 2003.

López Michelsen, Alfonso, *La estirpe calvinista de nuestras instituciones políticas*. [1948] Bogotá, Ediciones Tercer Mundo, 1966.

Miegge, Mario, *"Foedus y vocatio*: la orientación reformada hacia la vida política", en H.S. Wilson, ed., *Christian Community in a changing society*. Ginebra, Alianza Reformada Mundial, 1991, pp. 29-35; en *Boletín Informativo* del Centro Basilea de Investigación y Apoyo, núm. 5, enero-marzo de 2002, *https://issuu.com/centrobasilea/docs/bol05-ene-mar2002*, versión de L.C.-O.

Rey Martínez, Fernando, *La ética protestante y el espíritu del constitucionalismo : la impronta calvinista del constitucionalismo norteamericano*. Bogotá, Universidad Externado de Colombia, 2003.

Skinner, Quentin, *Los fundamentos del pensamiento político moderno. II. La Reforma*. México, FCE, 1986.

Tawney, Richard, *La religión en el origen del capitalismo*. [1926] Madrid, Dédalo, 1959.

Walzer, Michael, *La revolución de los santos. Estudio sobre los orígenes de la política radical*. [1965] Buenos Aires, Katz, 2008.

Sobre la Reforma Protestante en la Nueva Inglaterra puritana y la formación de Estados Unidos

Hughes, Richard T., *Mitos de los Estados Unidos de América*. Grand Rapids, Libros Desafío, 2005.

Mayer, Alicia, "América: nuevo escenario del conflicto Reforma-Contrarreforma", en María Alba Pastor y Alicia Mayer, coords., *Formaciones religiosas en la América colonial*. México, UNAM/Facultad de Filosofía y Letras, 2000, pp. 13-36.

_____, *Dos americanos, dos pensamientos: Carlos de Sigüenza y Góngora y Cotton Mather*. 1ª reimp. México, UNAM/Instituto de Investigaciones Históricas, 2009.

Ortega y Medina, Juan A., *Destino manifiesto. Sus razones históricas y su raíz teológica*. [1972] México, Conaculta-Alianza Editorial Mexicana, 1989.

_____, *La evangelización puritana en Norteamérica*. México, Fondo de Cultura Económica, 1976.

Paz, Octavio, "Estados Unidos, entre Epicuro y Calvino", en *El País*, Madrid, 16 de enero de 1981, http://elpais.com/diario/1981/01/16/internacional/348447604_850215.html.

Sobre los bautistas

Anderson, Justo C., *Historia de los bautistas. Sus bases y principios*. El Paso, Casa Bautista de Publicaciones, 1983.

Baker, R.A., *Los bautistas en la historia*. El Paso, Casa Bautista de Publicaciones, 1972.

Sobre los metodistas

Báez-Camargo, Gonzalo, *Genio y espíritu del metodismo wesleyano*. México, Casa Unida de Publicaciones, 1962. 2ª ed. 1981.

González, Justo L., *Juan Wesley: herencia y promesa*. San Juan, Publicaciones Puertorriqueñas Editores, 1998.

Heitzenrater, Richard P., *Wesley y el pueblo llamado metodista*. Nashville, Abingdon Press, 2001.

Magallanes, Hugo, *Introducción a la vida y teología de Juan Wesley*. Nashville, Abingdon Press, 2005.

Sobre la ética protestante

Gil Villegas, Francisco, "Max Weber y sus fuentes: historia de un argumento", en *La Gaceta del Fondo de Cultura Económica*, núm. 390, junio de 2003, pp. 13-15, *www.fondodeculturaeconomica.com/subdirectorios_site/gacetas/JUN_2003.pdf*

_____, "El argumento de *La* ética *protestante* de Weber y sus fuentes", en Max Weber, *La* ética *protestante y el espíritu del capitalismo*. México, Fondo de Cultura Económica, 2003, pp. 26-50.

_____, "Cien años de debate en torno a la tesis weberiana sobre la ética protestante", en *Sociológica*, México, Universidad Autónoma Metropolitana, año 20, número 59, septiembre-diciembre de 2005, pp. 137-169, *www.revistasociologica.com.mx/pdf/5908.pdf*.

_____, *Max Weber y la guerra académica de los cien años. Historia de las ciencias sociales en el siglo XX. La polémica en torno a* La ética protestante y el espíritu del capitalismo *(1905-2012)*. México, Fondo de Cultura Económica, 2013.

Morcillo Laiz, Álvaro y Eduardo Weisz, eds., *Max Weber en Iberoamérica. Nuevas interpretaciones, estudios empíricos y recepción*. México, Fondo de Cultura Económica-Centro de Investigación y Docencia Económica, 2016.

Weber, Max, *La* ética *protestante y el espíritu del capitalismo*. Ed. y prólogo de F. Gil Villegas. México, Fondo de Cultura Económica, 2003.

Sitios de internet sobre los festejos de los 500 años de la Reforma Protestante

Ciudades de Lutero, http://www.lutherland-thueringen.de/en/luther-cities-4027.html

Comunión Mundial de Iglesias Reformadas, http://wcrc.ch/history/500th-anniversary-of-the-reformation

Federación Luterana Mundial, https://2017.lutheranworld.org/

Luther 2017, https://www.luther2017.de/

Luther 2017, ciudad de Wittenberg, http://www.lutherstadt-wittenberg.de/en/luther2017/

Luther 2017, Germany Travel, http://www.germany.travel/en/specials/luther/luther.html

Refo 500, http://www.refo500.nl/

Documental

Wittenberg entre Lutero y la química, http://www.dw.com/es/wittenberg-entre-lutero-y-la-qu%C3%ADmica/a-16699552